AF547399

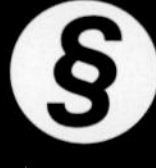
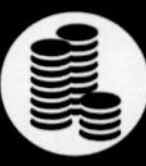
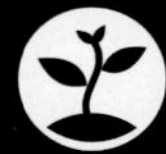

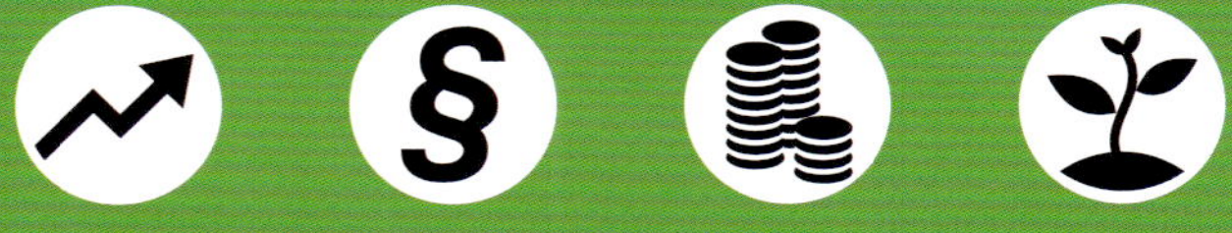

EMANUEL TREU

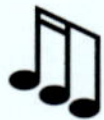

DER ERFOLGREICHE MUSIKER

FINANZTIPPS FÜR MUSIKER

WIE DU DEINE
KREATIVE KARRIERE AUF
GOLDENE ECKPFEILER BAUST

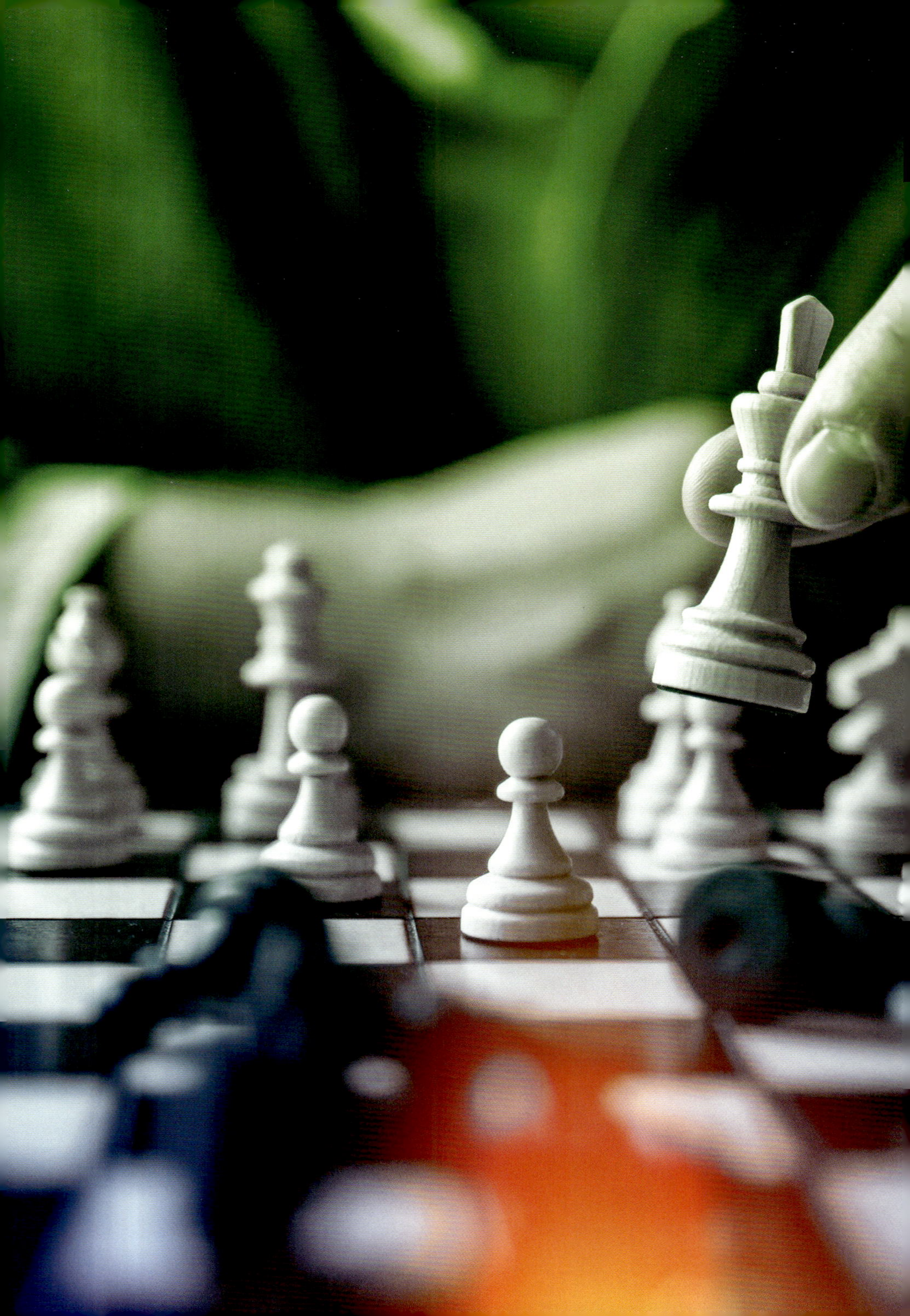

IMPRESSUM

https://www.emanueltreu.at

Verlag: Eigenverlag
ISBN: 978-3-9504872-3-7
1. Auflage, 2019

Dipl. Päd. Emanuel Treu
Hofstattgasse 25
1180 Wien

UID.NR.: ATU65037104
emanueltreu@gmail.com

Grafik & Illustration: Dominic Vielnascher
Coverfoto: Frederick Nilsson
Foto Seite 146 + 184: Moritz Schell
Fotos: Unsplash.com

Mit freundlicher Unterstützung der

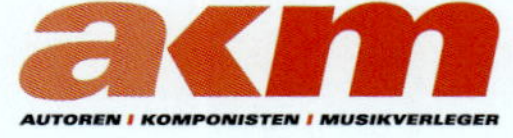

Genderhinweis: Liebe Musikerinnen, ich respektiere und schätze euch nicht nur, nein, euer Beitrag zum weltweiten musikalischen Erlebnis ist von unschätzbarem Wert. Lediglich aus Gründen der Lesbarkeit wurde im Text die männliche Form gewählt, aber: You rock like hell!

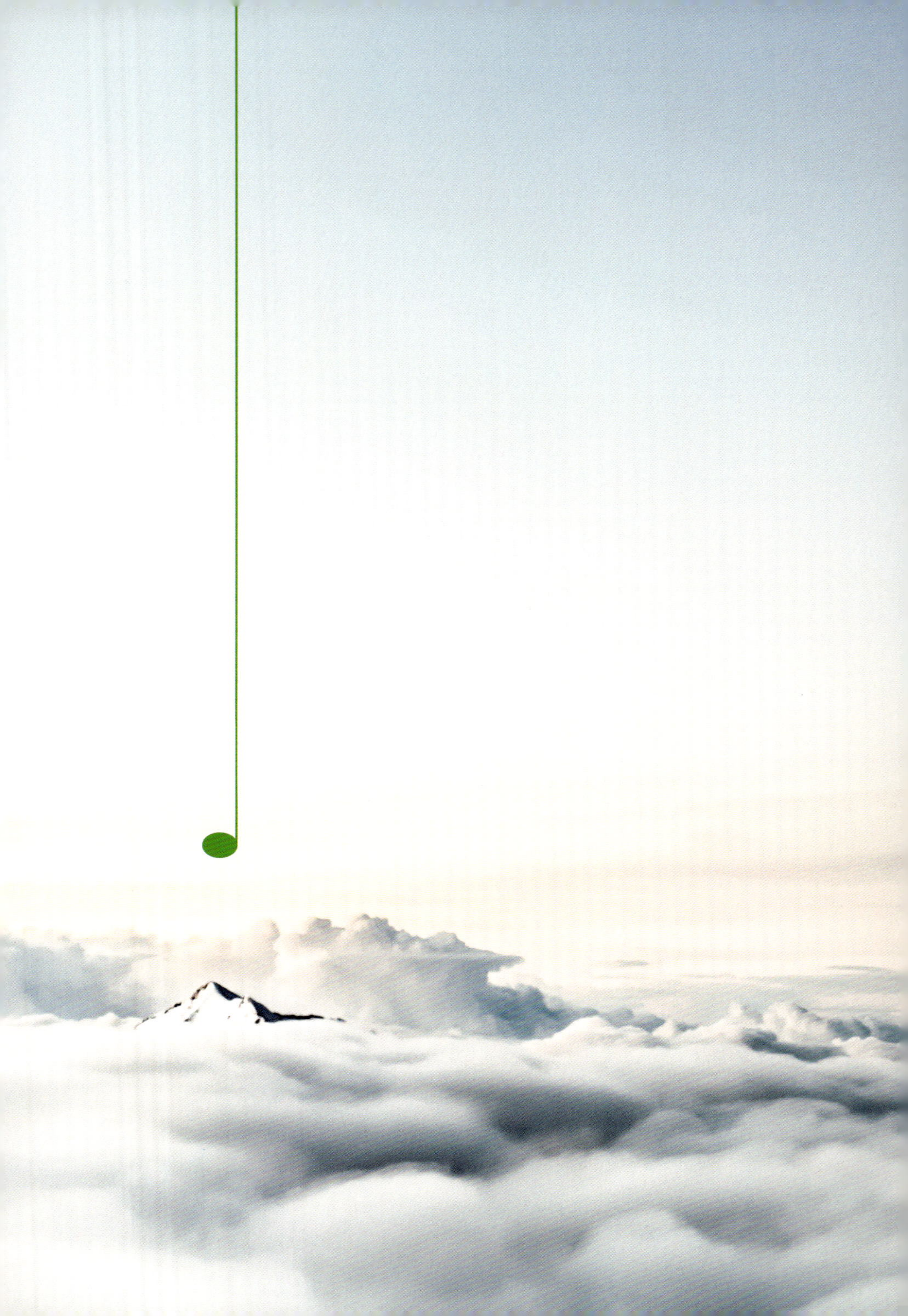

WIDMUNG

Für Wolfgang Klingsbigl †,

der mir eindrucksvoll gezeigt hat,
dass in der Musik kein Tellerrand existiert
und mir etwas unglaublich Wertvolles
für mein Künstlerdasein mitgegeben hat:

„Wenn beim Musizieren der Spaßfaktor stimmt, gibt es keine falschen Noten.

Wolfgang, ich danke dir dafür, dass du
mein Leben derart positiv beeinflusst hast,

Emi

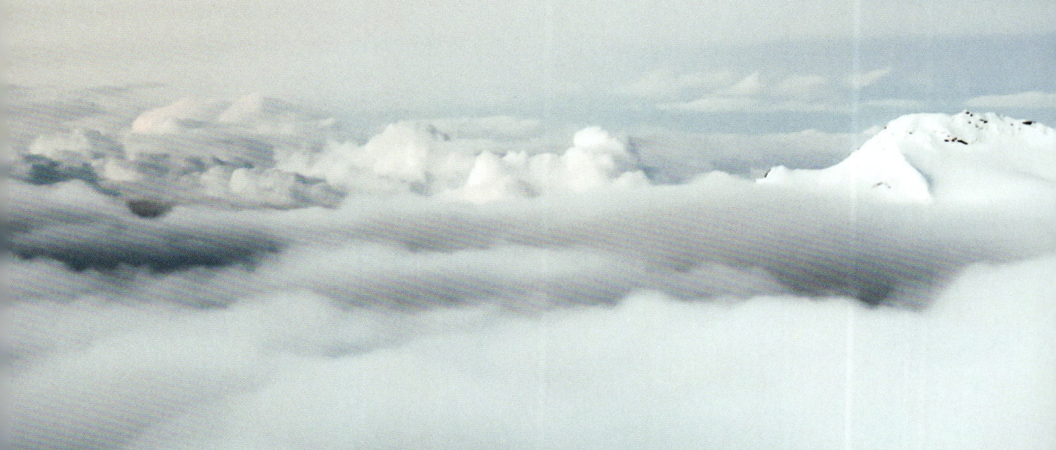

INHALT

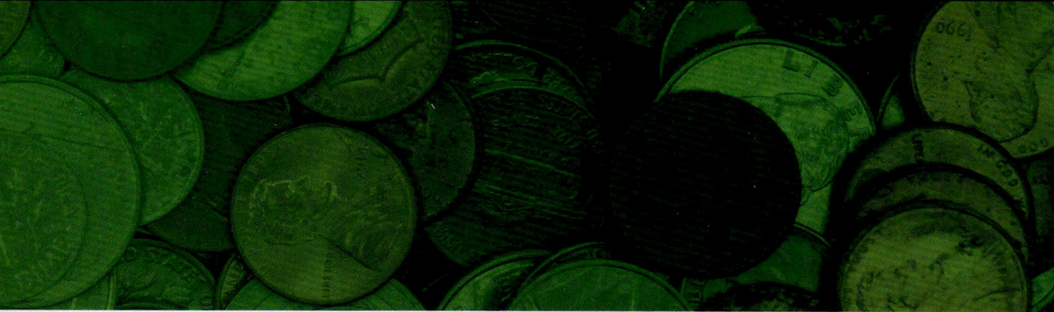

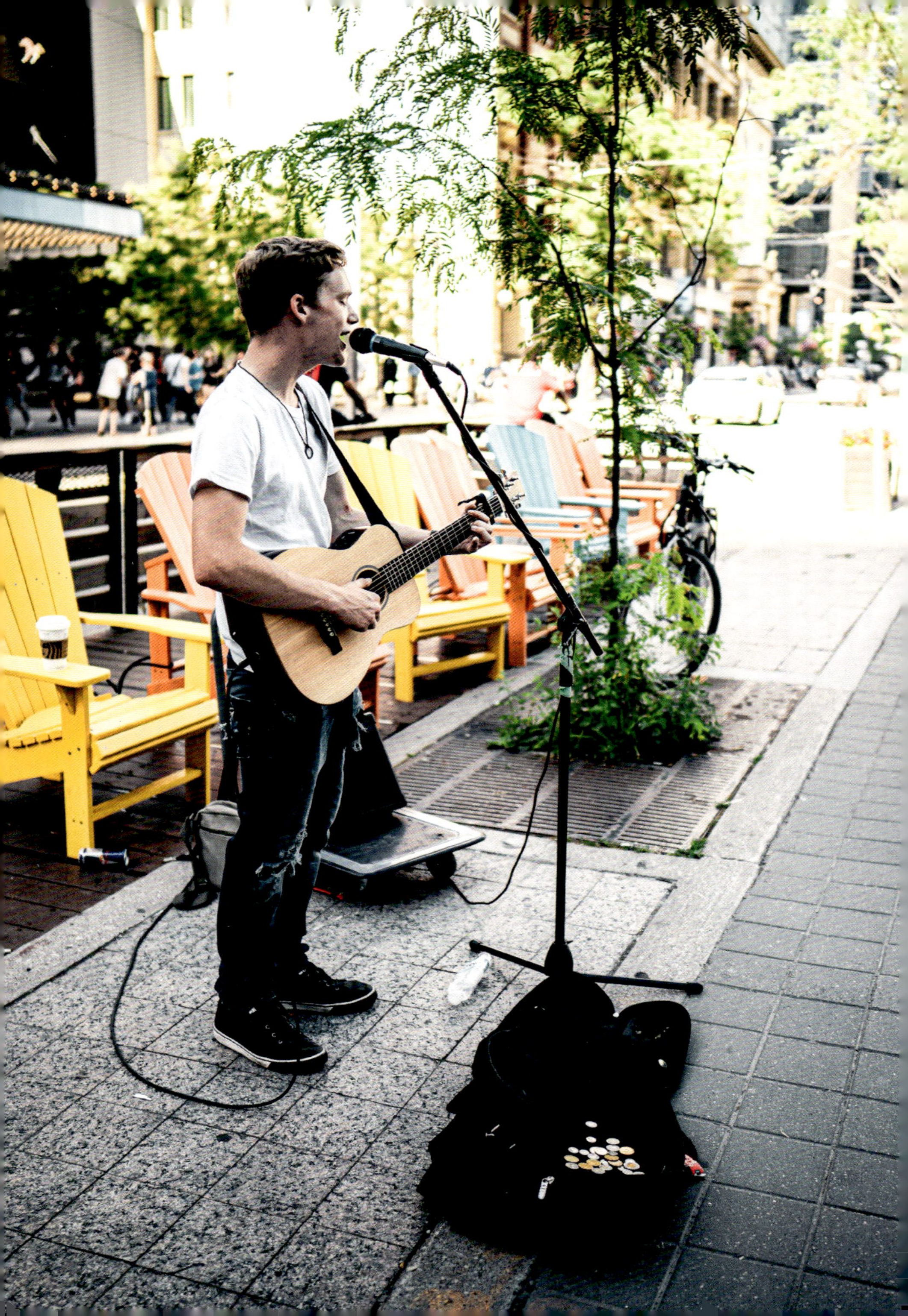

Einleitung

Oh Mann, ist es toll, Musiker zu sein. Du tust genau das, was du immer schon wolltest, lässt dich von deinen Emotionen treiben und bekommst für das erfüllende Spiel auf deinem ausgewählten Instrument auch noch Fans, Applaus, Ruhm, Macht, Sex und massiv Kohle. Der Lambo vor der Türe deiner Strandresidenz mit sea view auf Hawaii Beach zeigt natürlich nur ansatzweise, wie gut es dir geht. In Wirklichkeit lebst du ein Jet-Set-Influencer-Life, bist der Ultra-V.I.P. auf jeder noch so gepimpten High-Society-Sause und sogar deine Unterhose ist mit echten Goldfäden durchzogen, damit deine Familienjuwelen so richtig schön warm bleiben.

Ein Traum.
Bullshit! – Musiker zu sein ist ein fucking Albtraum!

Denn so sieht die Realität im Regelfall nicht aus – zumindest kenne ich niemanden, der vergoldete Unterhosen trägt. Ok. Scherz beiseite. In diesem Buch geht es tatsächlich nicht um vergoldete Unterhosen, sondern darum, wie die finanzielle Realität von Musikern tatsächlich aussieht und welche Möglichkeiten du hast, diese Realität eben doch in einen Traum zu verwandeln. Nicht in einen Albtraum, sondern in einen positiven Traum. Idealerweise in einen, der so positiv ist, dass er feucht ist. Denn aus einem feuchten Traum wachen wir auf, um zu erkennen, dass er sich in der Realität manifestiert hat. Klar soweit? Die Wahrheit ist nämlich, dass 84 Prozent aller Musiker weltweit einer zweiten Beschäftigung nachgehen müssen, um sich finanziell zumindest ansatzweise über Wasser zu halten. Nur ein klitzekleiner Bruchteil aller Musikschaffenden zahlt überhaupt Steuern und ist durch die Einnahmen ihrer Kunst versichert, weil die meisten Musiker nicht mal annähernd in die Nähe der steuerlich- und versicherungstechnisch relevanten Einkommensgrenzen herankommen.

Stattdessen leben sie oft auf kleinem Fuß und in der quälenden Ungewissheit, ob sie im nächsten Monat noch die Miete für ihre versiffte, kleine Bude im gefährlichsten Randbezirk der Stadt zahlen können. Wenn du dort mal nachts, nach einem deiner wenigen und schlecht bezahlten Gigs, heimkommst, musst du aufpassen, dass dir nicht ein versoffener Assi über den Weg läuft und dich unfreiwillig deines ausgeborgten Instruments entledigt, das ohnehin nur eine billige asiatische Kopie des amerikanischen Originalherstellers ist.

„Her mit der Klampfn, du oides Oaschloch, oda i stich di o", würde der überaus eloquent-intellektuelle Dialog wohl starten, aus dem du nur dann heil rauskommst, wenn du das bereits vorbereitete Pfefferspray mit einer ruckartigen Bewegung direkt in die Augen des messerfuchtelnden, unrasierten Bastards sprühst. Sobald der frischgebackene Patient während seines schmerzerfüllten Schreis versucht sich die Augen zuzuhalten, knallst du ihm noch die weiße, bereits leicht zersetzte Schuhspitze deiner abgelatschten Converse, die du irgendwann Ende der 90er Jahre auf einem Flohmarkt mitgehen hast lassen, mit voller Wucht in die Eier und rennst um dein Leben. Dabei musst du wieder einmal erkennen, dass selbst das Laufen für einen praktizierenden Musiker eine unangenehme Sache ist. Abgesehen von deinem umgeschnallten Instrument, das im Schrittrhythmus auf deinen Rücken knallt, und dem Koffer mit den Effektgeräten, den du in deiner rechten Hand trägst und der dir mit jedem Schritt deine Schulter auszukugeln scheint, setzt das Seitenstechen unerwartet früh ein, weil du seit Jahren keinen Sport gemacht hast, sondern stattdessen unendlich lange semmelfressend am Computerschreibtisch sitzend deine Tonleiterübungen gespielt hast. **Fuck!**

Doch trotz dieser Tortur schaffst du es bis nach Hause. Haustüre auf. Haustüre zu. Wohnungstüre auf. Wohnungstüre zu. Home sweet home. Geschafft. Noch schwitzend stellst du dein Equipment an die bereits abbröckelnde Wand deines 27-Quadratmeter-Domizils und lässt dich erschöpft auf dein Bett fallen, das in Form einer gebrauchten fleckigen Matratze in der Mitte des Raumes am staubigen Boden liegt. Aus deiner Hosentasche nimmst du die zerknüllten Geldscheine und die paar Münzen raus, die dir der Veranstalter nach Abzug der Saalmiete und deiner Konsumation (von der du fälschlicherweise dachtest, dass sie am Konzertabend inkludiert war) übergeben hat. 48 Euro und 20 Cent. Das ist wahrlich eine stolze Summe, wenn man bedenkt, dass du dir nach der anstehenden Ausgabe für neue Gitarre-Saiten nur noch ein bisschen Geld ausborgen musst, um dein überzogenes Konto fast wieder decken zu können.

Mit diesen Gedanken an einen erfolgreichen Abschluss des heutigen Tages versinkst du in einen langen Tiefschlaf. Der laute Fernseher deiner schwerhörigen Nachbarin und die kaputte Klospülung liefern dir dabei genau den richtigen und konstanten Schallpegel, damit der unregelmäßige Straßenlärm hinter den Gitterstäben deiner feuchten Erdgeschoßwohnung etwas leiser wirkt. Du träumst von großen Konzerten als Star. Schön.

Ist es wirklich so schlimm?

Nun ja. Für mich ist es das nicht und das hat gute Gründe, die ich euch in diesem Buch nicht vorenthalten werde. Für viele ist es aber tatsächlich so. Ich habe in meiner umfangreichen musikalischen Karriere gleich mehrere Kolleginnen und Kollegen kennengelernt, die aufgrund ihres Umganges mit den Umständen, die ihnen das Leben als Musiker entgegengeworfen hat, unter schweren Depressionen gelitten haben. Und das war noch lange nicht alles.

Ich kenne nach wie vor gleich mehrere Musiker, die seit Jahren unter Arbeitslosigkeit und Beschäftigungslosigkeit (was übrigens zwei völlig verschiedene Dinge sind) leiden und gelitten haben. Einige davon sind in das Netz der Sozialhilfe abgedriftet und andere versuchen, den Sturz in den Abgrund ihrer Musikerrealität noch zu verhindern. Manche schaffen es aber leider nicht, diesen Sturz tatsächlich abzuwenden. In den Nuller-Jahren gab es ein Ereignis, das mich sehr geprägt hat. Ich stand gerade in einem Musiknotenhandel auf der Suche nach interessanten Noten für den Chor, den ich in wenigen Monaten erstmalig zu leiten beginnen würde. Ich wollte mir einen Überblick über die vorhandenen Materialien und Bücher verschaffen und erkennen, wie in der Chorlektüre unterschiedliche Schwierigkeitsgrade zu interpretieren wären und was es genau bedeutet, wenn auf einem Chorwerk „für Fortgeschrittene" steht. Ich ging also durch die Bücherregale und war gänzlich in die Noten versunken, als mich plötzlich das Telefon aus meiner Konzentration riss.

Conrad, einer meiner prägendsten Musik-Mentoren, rief mich an. „Emi, wo bist du?", wollte er wissen. „Ich bin in einem Geschäft wegen der Chornoten, warum?", entgegnete ich. „Kannst du dich dort irgendwo hinsetzen?" Ach du scheiße. Das klang nicht gut. „Was ist los?", fragte ich. „Sitzt du schon?" Fuck. Was geht ab? Ich fand schließlich inmitten der Bücherregale eine kleine Leiter. Ich weiß noch ganz genau, wie sich ein Kloß in meinem Hals bildete, als ich sagte, dass ich nun bereit war zu hören, was er mir zu sagen hatte.

Es ging um einen unserer geschätzten Freunde, einen unglaublich begnadeten Musiker. Einer, der wirklich kompromisslos für die Musik lebte und dessen Besitztum nicht weit über seine geliebten Instrumente, eine Hi-Fi-Anlage und eine Matratze am Boden zum Schlafen hinausging. Jemand, mit dem ich mich öfters traf, um über das Leben zu philosophieren, und mit dem ich gleich mehrere Auftritte im Duo vor ausverkaufter Halle hatte. Wir hatten erst kürzlich regelmäßig miteinander in seiner Wohnung geprobt, die übrigens der Wohnung im persiflierten Intro dieses Buches erschreckend ähnelte. In einer unserer Proben erzählte er mir tatsächlich, dass das Instrument, auf dem er tagtäglich spielte, noch gar nicht vollständig ihm gehörte. Er schuldete dem Besitzer dafür noch Geld, und zwar bereits seit sehr langer Zeit. Der dritte Satz meines Mentors am Telefon machte klar, warum ich mich setzen sollte: „Emi, er hat sich umgebracht."

Selbst heute noch, wenn ich diese Zeilen schreibe, steigen die Tränen in meine Augen, wie sie es damals im Notenhandel auf der kleinen Leiter taten. Was für ein schlimmer Verlust für die Welt.

Bis heute weiß ich nicht, was die genauen Gründe für seinen Tod waren. Ob sein hartes Leben als Musiker der Grund für diese nicht mehr umkehrbare Entscheidung war oder etwas anderes. Doch das ist auch nicht wichtig. Viel wichtiger ist mir heute nämlich sein Vermächtnis. Das, was ich durch diesen tollen Menschen, der damals zweifellos einer meiner einflussreichsten Mitmusiker und Lehrer war, gelernt habe. Ich habe durch ihn nämlich gelernt, was es bedeutet, auf derart vielen Ebenen respektvoll und wertschätzend mit seinem Gegenüber zu sein.

In unserer kurzen, aber erfüllenden musikalischen und freundschaftlichen Beziehung war es irrelevant, dass es einen eklatanten Altersunterschied zwischen uns gab, dass wir komplett unterschiedliche Instrumente spielten, unterschiedliche Musik hörten, unterschiedliche Glaubenssätze in Sachen Weltanschauung hatten, unterschiedlich viel Geld besaßen und definitiv auch ein unterschiedliches musikalisches Niveau hatten. Und damit mich hier keiner falsch versteht: Im Verhältnis zu seiner musikalischen Expertise war ich ein blutiger Anfänger, der als Gitarrist und Sänger damals gerade die ersten Gehversuche machte. Und trotzdem fand jedes Gespräch, jede Unterrichtseinheit, jede Probe und jedes gemeinsame Konzert immer auf Augenhöhe statt und hat ihn wie mich in jeglicher Hinsicht bestimmt gleichermaßen bereichert. Und weil ich durch ihn gelernt habe, respektvoll, wertschätzend und unterstützend mit meinem Gegenüber zu sein, lebe ich das heute noch in jeder meiner Fasern.

Als Musiker habe ich naturgemäß mit vielen Musikern zu tun. Einigen wenigen davon geht es finanziell gut. Das Business ist zwar hart, aber es gibt immer Wege aus der Misere der Musiker-Geldnot, wenn man weiß, was zu tun ist. Vielen Musikern geht es aber finanziell nicht gut und ich stütze mich hierbei nicht auf mein Bauchgefühl oder meine persönlichen Erfahrungen, sondern auf weltweite Statistiken, die ein ungeheuerlich schwarzes Bild malen und von denen ich so manche in diesem Buch noch erwähnen werde.

Jetzt, da du mein Gegenüber bist, möchte ich dich in deinem Vorhaben, ein finanziell erfolgreicher Musiker zu werden oder zu bleiben, unterstützen. Und zwar deshalb, weil ich das große Glück hatte zu erfahren, wie das funktioniert. In diesem Buch wird also weder gemeckert noch gehated noch sonst irgendetwas Negatives getan. Ich will, dass du positiv auf die finanzielle Seite deines Musikerdasein blickst, und bin überzeugt, dass dieses Buch dich dabei unterstützen wird.

In diesem Sinne wünsche ich dir viel Spaß beim Lesen und eine erfolgreiche musikalische Karriere, bei der auch die Kohle stimmt.

Keep on rockin',
Emi

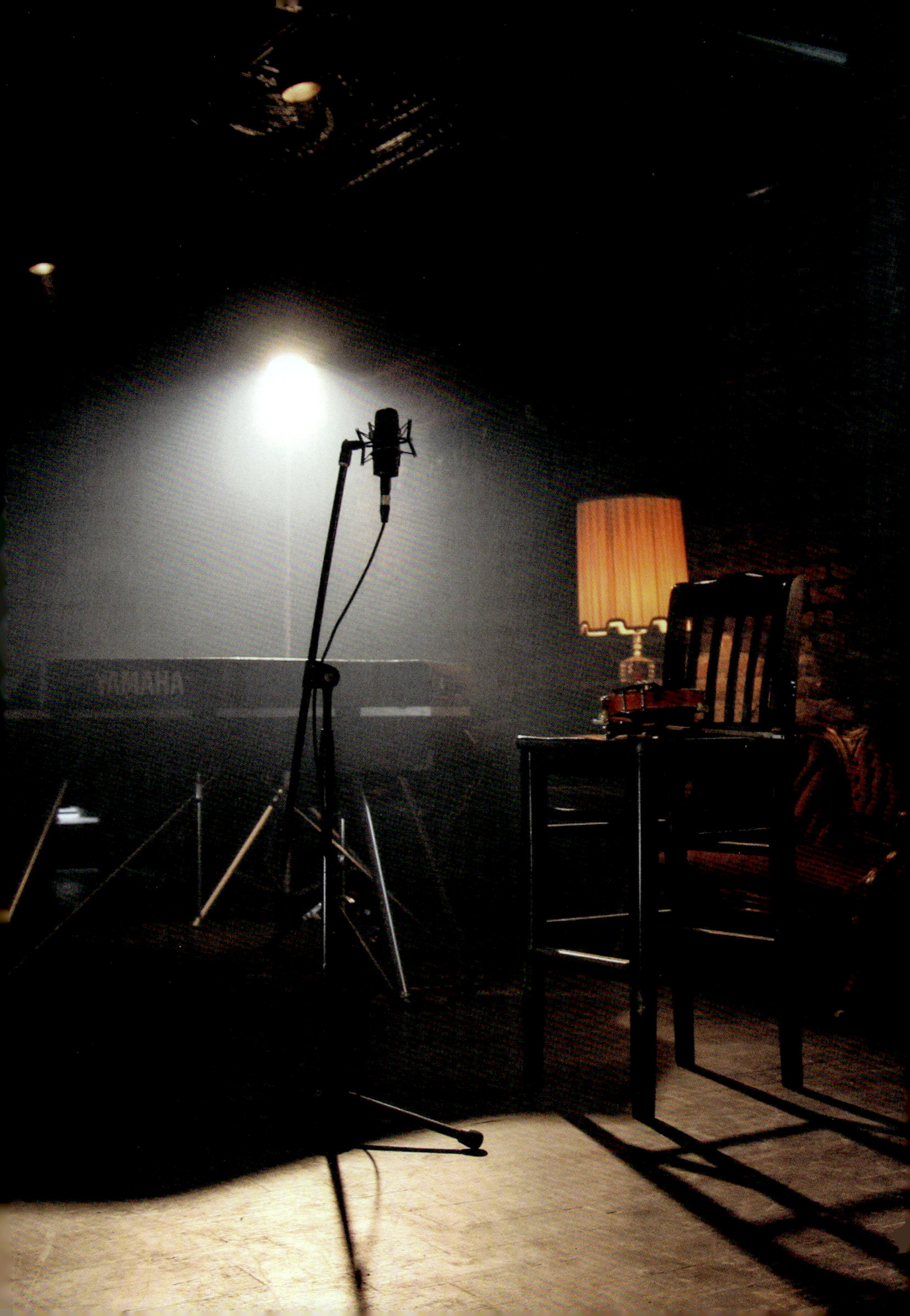
YAMAHA

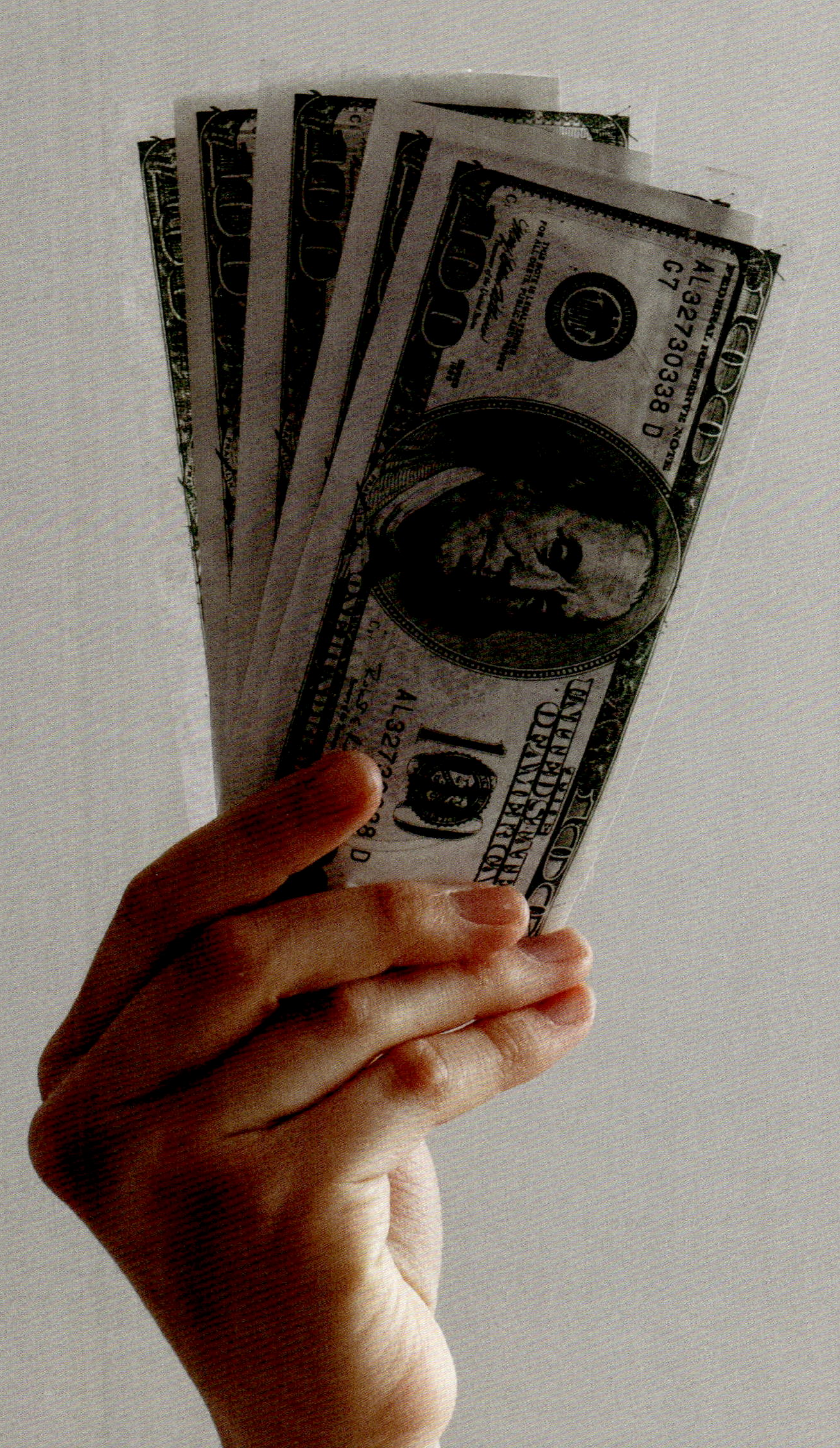
AL 32730338 D
C7

Was du vorher noch wissen solltest

Dieses Buch ist in vier Abschnitte gegliedert. Ich habe in jedem Abschnitt das in Worte gefasst, von dem ich der Meinung bin, dass es essentiell ist für deinen finanziellen Fortschritt als Musiker. Dieses Buch beschreibt den natürlichen Fluss des Geldes und was du als Musiker damit Sinnvolles anfangen solltest, um finanziell erfolgreich zu sein. Bevor wir starten, ist für dich nämlich wichtig zu verstehen, dass Geld sich immer fließend bewegt. Milliarden von Münzen, Scheinen, Vermögenswerten und Verbindlichkeiten wechseln täglich ihren Besitzer. Das muss auch so sein. Sobald Geld sich nicht mehr bewegen würde, käme es zu einem Stillstand und es würde die wohl heftigste Weltwirtschaftskrise aller Zeiten ausbrechen. Ich übertreibe nicht. Stell dir das mal vor:

Es würden keine Waren verkauft werden, keine Kredite und Löhne bezahlt werden, keine Zinsen, keine Dividenden, keine Nixdala mehr. Nada. Niente. Die Kriminalität würde explodieren, weil die Menschen gezwungen wären zu stehlen, sofern ihnen keine Grundnahrungsmittel geschenkt werden würden. Und... Wer verschenkt schon gerne etwas Wertvolles in einer Krise? Weil das alles echt keinen Spaß macht, würden die Menschen wohl über kurz oder lang etwas anderes finden. Vielleicht würden sie wieder zum Tauschhandel zurückfinden, aber genau weiß ich das natürlich auch nicht.

Jedenfalls wäre das ein Rückschritt und keine positive Entwicklung. Selbst unter Einbeziehung aller Nachteile sehen die meisten Wirtschaftsexperten im jetzigen Kapitalismus nämlich insgesamt große Vorteile im Vergleich zu früheren Wirtschaftssystemen. Wie gesagt: Lediglich ein Stillstand des Geldes wäre aus heutiger Sicht fatal. Und weil das so ist, muss sich Geld bewegen. Und weil sich Geld bewegen muss, muss sich auch das Geld eines Musikers bewegen, damit es nicht zum Stillstand und damit zu einer Krise kommt. Und weil das so ist, ist das auch genau die Grundlage der vier Abschnitte dieses Buches.

Abschnitt 1.: Die Kunst, Geld zu verdienen

Hier beschreibe ich, welche Möglichkeiten du hast, deine Einnahmen auf ein Level zu heben, sodass du gut leben kannst. Da gibt es nämlich mehrere. Ein Musiker ist kein eindimensionales Wesen, das nur auf einem Weg zu Geld kommen kann. Im Gegenteil. Was wir wollen, ist "MSI". Wie der amerikanische Finanzguru Bob Procter bereits viele Jahre gepredigt hat, wird die finanzielle Situation eines Menschen vor allem dann stabil, wenn er Multiple Sources of Income (MSI) hat, was übersetzt nichts anderes bedeutet als: Mehrere Einnahmequellen (MEQ). Mit diesen Einnahmequellen werden wir uns beschäftigen, damit du deinen Cashflow auf stabile Beine stellen kannst. Dann bist du als Musiker nämlich nicht mehr von einer einzigen Tätigkeit oder vom Markt abhängig, sondern du kannst ein finanzielles Gesamtkonzept für deine Karriere verfolgen. Um eben diese Kunst des Geldverdienens zu meistern, werden wir uns dann noch die dafür erforderlichen Parameter näher ansehen: Qualität, Quantität, Input und Output. Alles in allem wirst du in diesem Buchabschnitt lernen, deine Einnahmequellen zu vermehren, zu steigern, zu stabilisieren und die dafür aufgewendete Zeit zu reduzieren.

Abschnitt 2.: Die Kunst, Geld zu managen

Als Nächstes geht es darum, dass du die Übersicht über dein Geld bekommst. Es ist essentiell, dass du weißt, wie und wo dein Geld sinnvoll gelagert ist, damit du dir zu jeder Zeit ein umfassendes Bild über deine finanzielle Lage machen kannst. Es scheint, als ob gerade Musiker hier einige Defizite haben. Es gibt nicht viel zu managen, wenn man nicht viel hat, meinen viele. Das ist aber nicht korrekt. Wer bereits mit wenig Geld nicht gut umgehen kann, der kann auch mit viel Geld nicht gut umgehen. Es ist also wichtig, dass du dir eine Basis schaffst, auf der du aufbauen kannst. Selbst bei kleineren Geldmengen lohnt es sich, dass du Strukturen schaffst, mit denen dir eine Übersicht und ein Bewusstsein über deine monetären Möglichkeiten möglich sind. Auch hier gilt, dass es weit komplizierter klingt, als die Sache eigentlich ist. Wenn du erst mal liest, worum es genau geht und wie das alles funktioniert, wirst du schnell erkennen, dass das Ganze sowohl einfach als auch hilfreich ist.

Abschnitt 3.: Die Kunst, Geld zu versteuern

Hier muss ich endlich mit einigen bösen Gerüchten aufräumen und auch dir klarmachen, dass Steuern zu zahlen nichts Schlechtes ist. Im Gegenteil. Es sollte dein Wunsch sein, seitens des Staates in die höchste Steuerstufe eingestuft zu werden! Weißt du warum? Das würde nämlich bedeuten, dass du super verdienst! Mit deinem Steuergeld unterstützt du außerdem auch noch den Staat und seine Bürger. Wäre das denn wirklich so schlimm? Ich denke, es gibt Schlimmeres – wie zum Beispiel keine Kohle als Musiker zu haben. Was wäre dir denn lieber?

Das Gesetz regelt ohnehin, dass kein Bürger mehr Steuern zahlen sollte, als er gesetzlich dazu verpflichtet ist. Es ist für mich unverständlich, wie viele Menschen genau diese Sache ignorieren und sich dann in komplettem Unwissen über eine steuerliche Situation aufregen, die sie nicht verstehen. Oder gar noch schlimmer: Komplett falsch agieren, um finanziellen Schaden zu verhindern – und damit erst recht finanziellen Schaden verursachen.

In diesem Teil des Buches erkläre ich dir also, wie das mit dem Steuerzahlen tatsächlich ist und wie du deine Steuern optimal im gesetzlichen Rahmen minimieren kannst, damit du auf keinen Fall zu viel hergibst, weil, … naja … das wollen wir natürlich auch nicht. Und das Gesetz will das auch nicht. Du bist schließlich Musiker und kein Samariter. Solltest du allerdings noch nicht so viel Geld verdienen, dass das Finanzamt bei dir anklopft, wirst du dennoch sehr praktische Tipps erhalten, um mit deinem Geld so umzugehen, wie es sich das verdient hat. Schließlich hast du hart dafür gearbeitet, und da zahlt es sich immer aus, zu wissen, was du tust. Letztendlich kann dich dieser Buchabschnitt auch auf eine Zukunft vorbereiten, in der dein Traum dann endlich auch Kohle abwirft. Sagt man nicht, Vorbereitung ist die halbe Miete?

Abschnitt 4.: Die Kunst, Geld auszugeben

Dieser Abschnitt ist mit dem Steuerteil eng verknüpft, da deine tatsächlichen Ausgaben einen Einfluss darauf haben, wie viel du tatsächlich zu versteuern hast. Abgesehen von der Steuer gibt es aber weitere Fakten und Fähigkeiten, die du im Umgang mit Geld wissen, verstehen und beherrschen solltest. Diesen Abschnitt werde ich nicht nur für dich als Künstler, sondern auch für dich als Privatperson erklären. Ja ich weiß, dass klingt im Moment ein wenig schizophren, aber du wirst im Verlauf des Buches verstehen, warum ich das trenne.

Der Fakt, dass du Musiker und Privatperson in einem bist, ist übrigens einer der größten Vorteile, den Künstler gegenüber allen anderen Bürgern haben, wenn es um die Finanzen geht. Keine Sorge, ich werde nichts unnötig verkomplizieren. Superschnell zusammengefasst könnte man dieses Kapitel auf einen wesentlichen Kern reduzieren: Geld ausgeben ist super, wenn du weißt, wie.

Wenn du als Musiker diese vier Buchabschnitte gelesen und verinnerlicht hast, bist du definitiv gut gerüstet, um eine finanziell erfüllte Laufbahn zu bestreiten. Was dir dann noch fehlt, ist lediglich die Anwendung, aber hey: **Ich kann ja nicht alles für dich tun.**

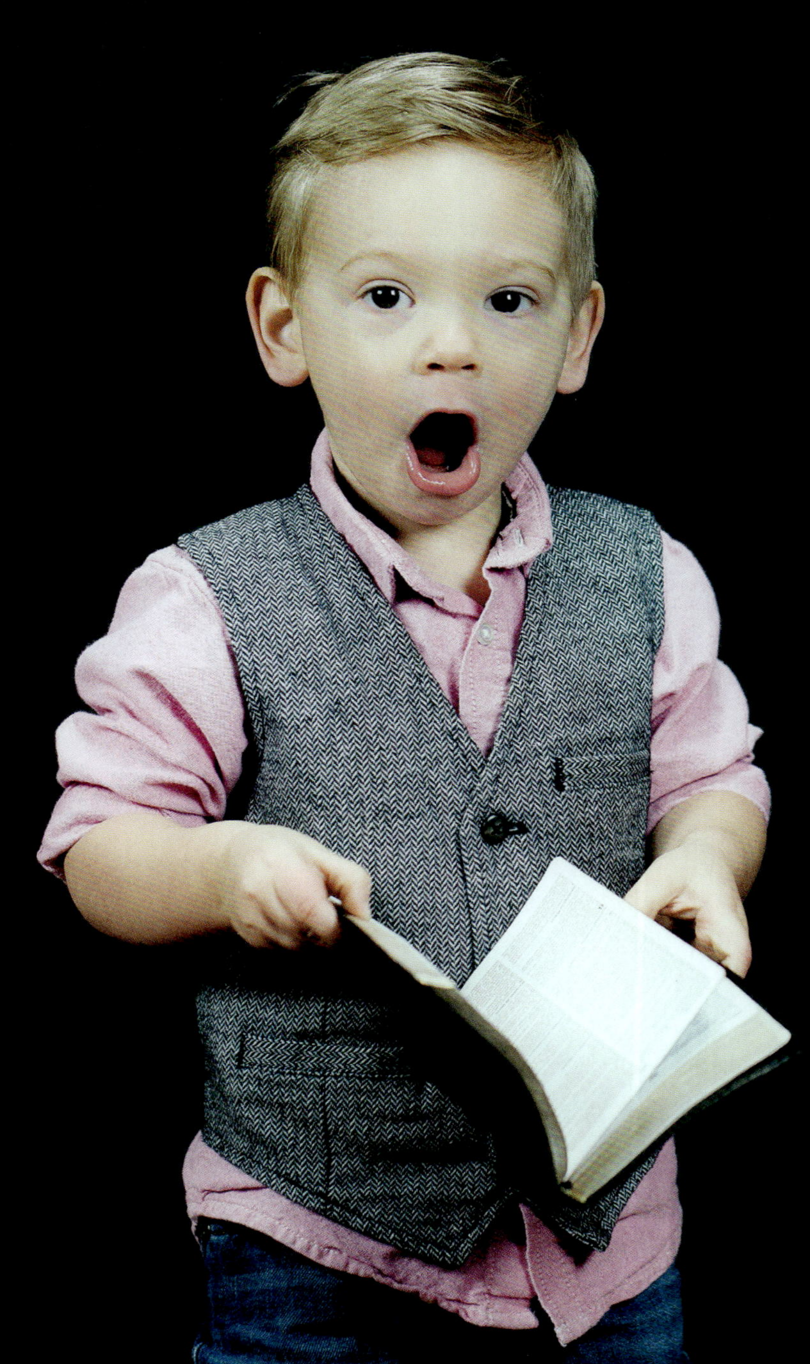

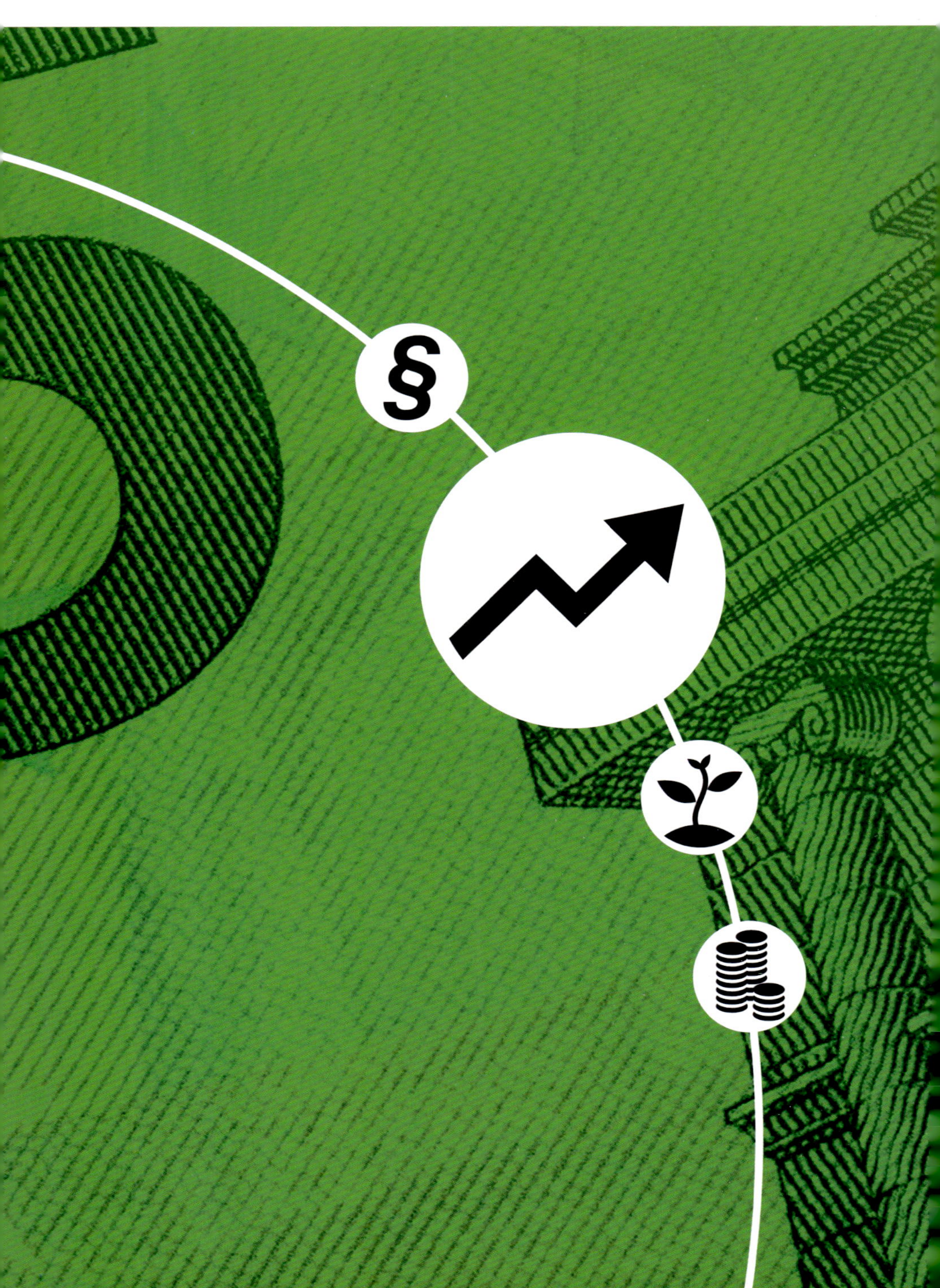

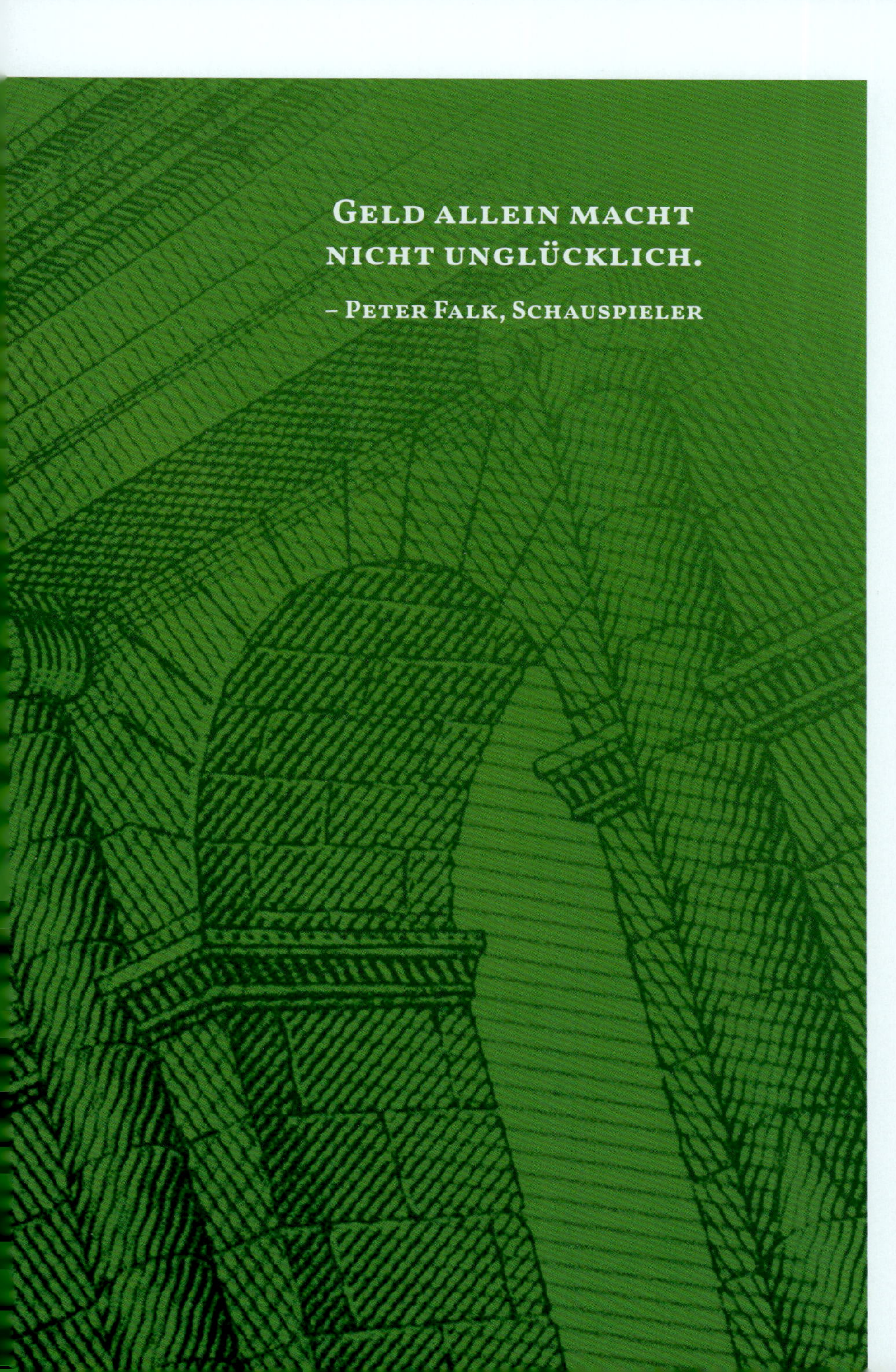
Geld allein macht nicht unglücklich.
– Peter Falk, Schauspieler

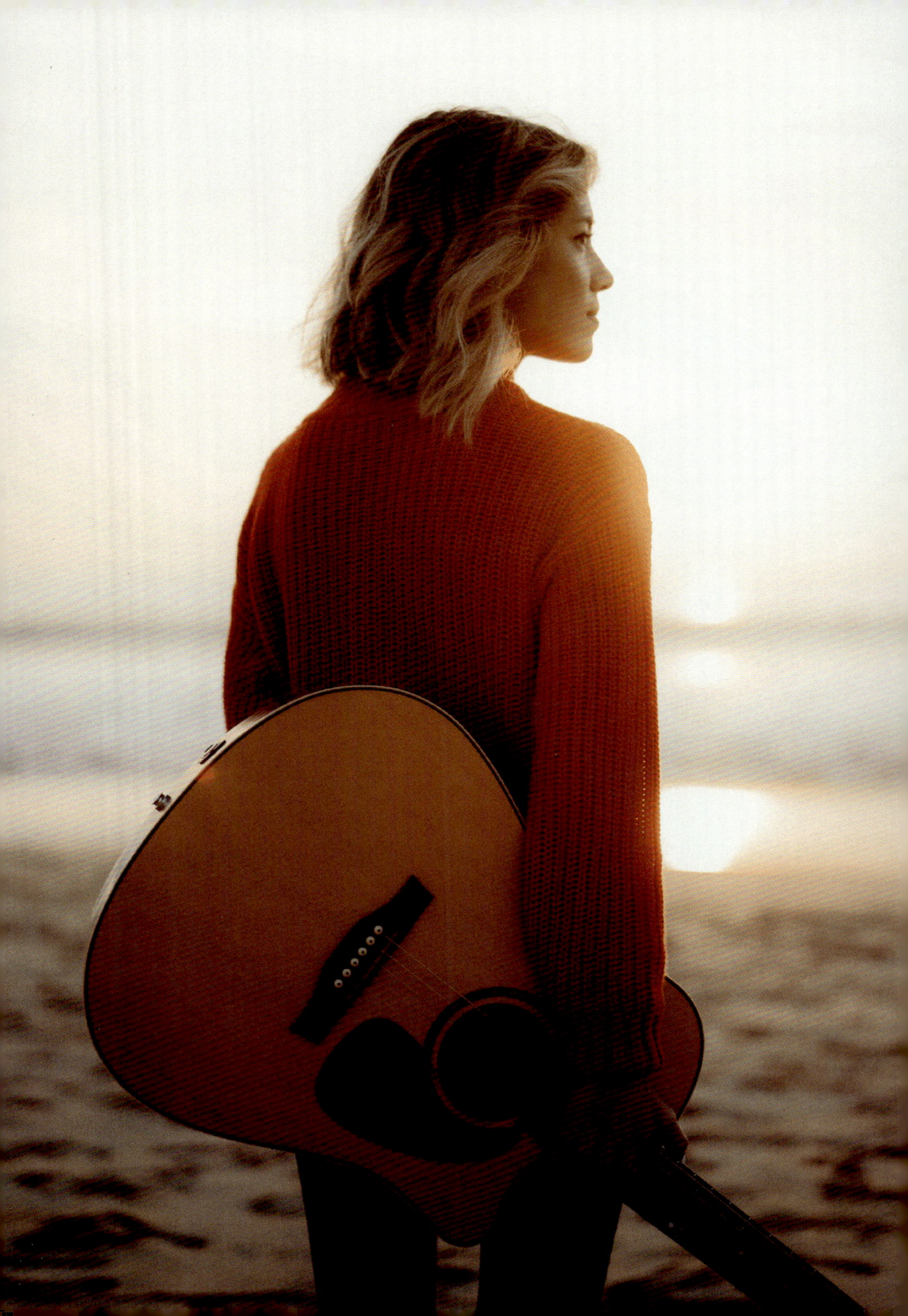

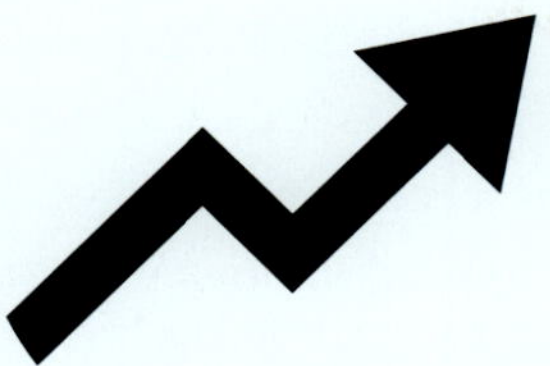

1 Die Kunst, Geld zu verdienen

Als Künstler, der finanziell erfolgreich sein will, musst du dir zu Beginn deiner aufregenden Reise etwas sehr Wesentliches vor Augen führen: Mit dem Wunsch nach finanziellem Erfolg als Künstler willst du etwas, was alle Künstler wollen. Dein Wunsch ist nicht einmalig. Dein Wunsch ist nicht besonders und er ist nicht einmal besonders kreativ. Er ist absoluter, abgedroschenster Standard ever. Ich habe in meinem bisherigen Leben unzählige Künstler kennengelernt und mir fällt kein einziger ein, der nicht genau denselben Wunsch hegt wie du. Als Künstler finanziell erfolgreich sein. Fuck it. Ich wollte das ja auch immer.

Hand aufs Herz: Was könnte denn schöner sein? Du tust, was du liebst und verdienst dir damit noch ein goldenes Näschen. Es klingt ja beinahe so wie im Märchen.

Wenn du dir aber die dazugehörigen, herzzerreißenden Statistiken ansiehst, dann musst du leider wohl oder übel zugeben: Oh ja! Das klingt nicht nur so wie im Märchen – das ist ein verdammtes Märchen. Und zwar eines ohne Happy End. Zumindest für den Großteil der Künstlerfraktion.

Ich war noch nie ein Statistiken-Schmetterer, aber wenn ich mir ansehe, was das österreichische Bundesministerium für Unterricht, Kunst und Kultur und das Wiener Forschungsinstitut „L&R Sozialforschung" mit Ende der Nullerjahre über die Einnahmen von Künstlern herausgefunden haben, wird selbst mir noch speiübel. Nach einer Befragung von 1850 Künstlerinnen und Künstlern wurde ermittelt, dass deren durchschnittliches Jahresnettoeinkommen aus ihrer künstlerischen Tätigkeit rund 4.500 Euro betrug. Nochmal: Jahreseinkommen. Nicht im Monat. Im Jahr. Ich will dir gar nicht vorrechnen, was das im Monat bedeutet, denn sonst kotzt du dieses Buch voll und kannst nicht weiterlesen, weil die Seiten verkleben.

Weil Künstler häufig derart wenig verdienen, sind sie im Regelfall gezwungen, zusätzlichen Beschäftigungen nachzugehen. In Amerika hat etwa das National Endowment for the Arts festgestellt, dass rund 84 Prozent aller Musiker genau das machen. Die Kohle reicht im Regelfall für Künstler einfach nicht aus, um sich ein würdiges Leben zu finanzieren. Warum das so ist, hat natürlich sehr viele Ursachen, aber welche das genau sind, ist im Grunde schnurzpiepegal. Wir wollen uns in diesem Buch schließlich nicht mit dem Problem, sondern mit der Lösung beschäftigen.

Wichtig ist dabei zu verstehen, dass die Problemlösung wohl nicht im Kollektiv für alle Musiker zu finden sein wird. Oder, um es anders zu formulieren: Wir werden unsere Bemühungen nicht darauf konzentrieren, dass der Markt, der Staat oder sonst wer die finanziellen Probleme der Musiker löst. Wir konzentrieren uns deshalb nicht auf den grundsätzlichen gesellschaftlichen Mindset und die aktuelle Gesetzeslage, weil wir keine tatsächliche Kontrolle über diese Gegebenheiten ausüben können. Und weil wir uns nicht auf alle anderen konzentrieren, da wir sie nicht kontrollieren können, konzentrieren wir uns stattdessen auf das Einzige, das wir kontrollieren können: auf uns selbst!

Welche Möglichkeiten haben Musiker, um Geld zu verdienen?

Bevor es nun ins Detail geht, musst du zuerst im Groben anfangen, ein Bewusstsein dafür zu entwickeln, welche Möglichkeiten dir als individueller Musiker überhaupt zur Verfügung stehen. Du kennst das ohnehin schon vom Erlernen eines Instruments. Du startest im Groben, doch je länger du spielst, desto mehr gehst du ins Detail. Am Anfang stehen allerdings die rudimentärsten Dinge an, wie etwa die korrekte Haltung am Instrument. Die Millimeterarbeit mit den Fingern kommt erst später, aber sie kommt.

Wenn du dein Leben als Musiker bestreiten möchtest, musst du deine Möglichkeiten, Geld zu verdienen, in vollem Umfang kennen. Es geht dabei nicht darum, ob du auch bereit bist, alles zu tun, was innerhalb dieser Möglichkeiten liegt. Wenn du allerdings ein Bewusstsein dafür hast, hast du zumindest die Wahl. Und wer die Wahl hat, hat bereits viel. Zumindest deutlich mehr als jemand, der nicht die Wahl hat.
Die Möglichkeiten, um als Musiker Geld zu verdienen, lassen sich grob in drei Einnahmequellen einteilen:

1. **Musikalische Tätigkeiten**
2. **Musiknahe Tätigkeiten**
3. **Musikferne Tätigkeiten**

Vielleicht stellst du dir jetzt die Frage: Was soll das? Wie kann eine musikferne Tätigkeit zu einer der potenziellen Quellen zählen, die es Musikern ermöglicht, Geld zu verdienen? Scheißbuch! Beschiss! Ich will mein Geld zurück! Und diesen Emi-Typen verklage ich sowieso!

Nun, ja … Klar könntest du dir das nun denken, aber lass mich dir sagen, dass du dann einen schwerwiegenden Fehler machen würdest, den sehr viele Musiker machen. Du würdest deshalb einen schwerwiegenden Fehler machen, weil du dir damit eingestehen würdest, dass du nicht bereit bist, der Wahrheit ins Auge zu sehen. Das Leben bewegt sich nicht linear bergauf und es läuft nicht immer alles wie geschmiert, sondern die unweigerlich auftauchenden Aufs und Abs erfordern von uns regelmäßig kreative Lösungsansätze. Wenn du dann nicht weißt, welche Möglichkeiten du theoretisch und praktisch hättest, wirst du dein Musikerdasein schneller an den Nagel hängen, als dir lieb ist. Im Grunde ist es relativ einfach: Wenn Musiker nicht bereit sind, das zu tun, was erforderlich ist, werden sie niemals als Musiker erfolgreich und glücklich sein. Tja, und manchmal ist es eben auch erforderlich, Dinge zu tun, an die du nicht als Allererstes gedacht hast, um dir deinen Traumjob zu ermöglichen.

Im Folgenden werde ich auf alle drei Einnahmequellen für Musiker eingehen und du wirst verstehen, warum es tatsächlich gleich mehrere Quellen sind, die du als Musiker berücksichtigen solltest, selbst wenn der Begriff musikferne Tätigkeit auf den ersten Blick nicht besonders ansprechend wirkt. Oft trügt der Schein, bevor du dir die Tatsachen näher ansiehst. Am Ende des Tages geht es darum, mehrere Einnahmequellen (MEQ) zu haben, wie der Finanzguru Bob Proctor lehrte. Nur dann bist du finanziell abgesichert, egal welches Auf und Ab auf dein Leben zukommt, also: abwarten, Tee trinken und weiterlesen.

1.1 Einnahmequelle: Musikalische Tätigkeiten

That's a no brainer! Das ist, was wir wollen. Das ist haargenau unsere Vorstellung von einem Leben und einem Verdienst als Musiker. Nur das tun, was direkt und unmittelbar damit zu tun hat: selbst aktiv musizieren. Du sitzt am Klavier und drückst die Tasten oder zupfst die Saiten deiner Gitarre. Du singst deine wunderschönen, selbstgeschriebenen Hooklines ins Mikro oder bedienst die Regler am Mischpult im Studio. Du machst Musik, und während du das tust, kommt das Geld in Quantitäten geflogen, die dir ein finanziell erfolgreiches Leben ermöglichen. Als musikalische Tätigkeiten sind also alle Tätigkeiten gemeint, mit denen du Geld dadurch verdienst, dass du selbst aktiv musizierst.

Ich spreche hier nicht von den Tätigkeiten, die erst dafür sorgen, dass du in Zukunft mit dem aktiven Musizieren Geld verdienst. Probezeit fällt zum Beispiel nicht in diese Kategorie. Beim Proben spielst du zwar aktiv, aber du verdienst im Regelfall nichts dabei. Ich hatte zwar auch schon bezahlte Proben, aber das ist eher die Ausnahme als die Regel. Konzertbookings fallen auch nicht in diese Einnahmequelle. Konzertbuchungen führen dazu, dass du etwas verdienst, aber du spielst vermutlich während des Telefonats mit dem Veranstalter nicht aktiv Musik, also ist diese Tätigkeit hier ebenfalls nicht gemeint. Für dich gilt es, schlichtweg Gigs zu spielen, im Tonstudio für deine Tätigkeit als Musiker, Produzent oder Arrangeur Kohle zu kassieren oder auch musikalische Werke zu komponieren. That's it. Deine musikalische Fähigkeit wird direkt bezahlt. Wichtig ist dabei aber nicht, wann der Geldfluss passiert, sondern dass er passiert. Als Musiker bekommst du zum Beispiel oft unmittelbar nach deiner Leistung deine Gage, während ein Produzent häufig bis zum Abschluss eines Projektes darauf warten muss. Bei Songwritern ist das Ganze noch extremer. Die bekommen oft erst Jahre nach dem Abschluss einer Komposition und deren Veröffentlichung Geld – aber auch das ist nicht zwangsläufig schlecht, solange du damit umzugehen weißt. Im Gegenteil, das kann sogar den einen oder anderen Vorteil haben! Warum das so ist und wie du aus diesem Umstand als Songwriter sogar noch Profit schlagen kannst, kannst du übrigens in meinem Buch **Songwriting Cashflow – Sieben Schritte, um mit deinen Songs richtig Kohle zu scheffeln** nachlesen. Dort habe ich alles im Detail beschrieben.

Nachdem wir nun geklärt haben, dass es nicht wichtig ist, wann die Kasse klingelt, sondern dass die Kasse überhaupt klingelt, bist bereits du am Zug. Jetzt musst du dafür sorgen, dass das tatsächlich passiert, denn glaube mir: Wenn du nicht dafür sorgst, wird es auch sonst niemand für dich tun. Dazu musst du dir aber eben Gigs und Jobs organisieren. Ohne das läuft in der Einnahmequelle der musikalischen Tätigkeiten nichts. Drauf geschissen, wie gut du eigentlich theoretisch als Musiker wärst. Ganz egal, was du während deiner Proben drauf hast. Hand aufs Herz: Eine Probe ist nichts anderes als ein theoretischer Auftritt. Und in der Theorie verdient man leider keine Kohle.

Du glaubst mir nicht? Naja, dann könntest du ja mal versuchen zu proben, solange du willst und beobachten, wie sich dein Kontostand nicht verändern wird. Um Geld zu verdienen, brauchst du die Praxis. Echte Gigs. Nur dort spielt kohletechnisch die Musik.

Ich weiß, es ist sehr schwer verdaulich, aber es ist die bittere Realität: Wer niemals probt, aber immer auftritt (z. B. ein blutiger Anfänger der Straßenmusik), wird deutlich mehr Geld verdienen als jemand, der nie auftritt, aber immer probt (z. B. ein Profimusiker in seinem Proberaum im Keller). Damit also Einnahmen fließen, musst du tatsächlich zwei Dinge zur gleichen Zeit bewerkstelligen: aktives Musizieren deinerseits und dabei Einnahmen generieren.

Wie machen das die Superstars?

Ich entzaubere dich nur ungern, aber ich muss dir eine Frage stellen: Glaubst du, gibt es das überhaupt? Gibt es tatsächlich Musiker, die ihre gesamten Einnahmen aus dieser Einnahmequelle beziehen? Aus der Einnahmequelle der musikalischen Tätigkeiten? So wie wir uns das eben in unserem Musikertraum vorstellen? Nur Musik machen und davon leben?

Welcher Superstar sollte sich das leisten können? Also von den unzähligen Musikern, die ich kenne, schafft das niemand und ich muss mich hier sogar selbst dazuzählen. Auch ich verdiene mein Geld nicht ausschließlich in dieser Kategorie. Ich verdiene mein Geld auch in anderen Kategorien und manchmal mache ich auch einfach Musik, ohne Geld dabei zu verdienen – ich bin ja nicht behämmert und nur geldgeil, sondern Musiker!

Okay, du kannst jetzt sagen, wer sind schon die Musiker, die ich kenne, und wer bin schon ich? Vielleicht ist das ja überhaupt keine relevante Referenzmenge. Vielleicht gibt es andere Musiker, die das schaffen. Was ist mit den Superstars? Was ist mit den Justin Biebers, Ariana Grandes, Maroon 5s, DJ Khaleds und Taylor Swifts auf dieser Welt? Verbringen die ihre Zeit vielleicht ausschließlich mit musikalischen Tätigkeiten, die ihnen direkt Geld einbringen? Äääähem ... Nope!

Wenn ich daran denke, dass ich alleine auf Youtube sehen kann, bei wie vielen Interviews, Pressemeetings, Galaabenden, Hausführungstouren, Charity-Initiativen, Community-Events, Videoclipdrehs, Castingshows und weiß der Kuckuck wo noch diese Superstars regelmäßig im Einsatz sind, muss ich sagen: Tolle Sachen, aber mit aktivem Musikmachen und dabei ein Income zu generieren hat das nichts zu tun. Und das bezieht sich ja jetzt nur auf den eben erwähnten Auszug dessen, was ich auf Youtube überhaupt zu sehen bekomme. Da sind noch keine Verhandlungen mit Managern, Plattenfirmen, Musikern, Reisezeiten und andere sonstige Tätigkeiten vorhanden, die gar nicht erst mit der Öffentlichkeit geteilt werden. Du kannst mir glauben: Die Öffentlichkeitsarbeit ist sowieso nur ein Bruchteil dessen, was eigentlich alles zu tun ist.

Und selbst wenn ich nicht die Superstars in den Fokus rücke, sondern einen einfachen Straßenmusiker, zeigt sich der Fakt, dass aktives Musizieren niemals die ausschließliche Tätigkeit ist, damit ein Musiker Geld verdient. Selbst ein Straßenmusiker muss Locations suchen, wenn er wie ein Vagabund von Stadt zu Stadt reist. Er muss auch bei diversen Ämtern um Genehmigungen ansuchen, damit er seine Straßenmusik überhaupt machen darf. Er muss sein Instrument von Zeit zu Zeit servicieren lassen und vieles mehr. Und dabei reden wir ja gerade nur von dem administrativen Aufwand, den ein Straßenmusiker hat. Sobald das Musizieren allerdings auf einem gewissen kommerziell-professionellen Level betrieben wird, steigt dieser Aufwand exponentiell.

Du siehst also, dass es als Musiker völlig illusorisch ist, ausschließlich Tätigkeiten innerhalb der Kategorie der musikalischen Tätigkeiten zu machen. Das macht aber auch nichts. Wichtig ist stattdessen vor allem, dass du weißt, wie du aus dieser einen Kategorie als Musiker das meiste für dich herausholst.

Die qualitative Optimierung

Wenn du den finanziellen Umsatz deiner musikalischen Tätigkeiten steigern möchtest, solltest du zuerst an der Qualität dieser Tätigkeiten arbeiten. Glasklar oder? Nein. Nicht glasklar. Mit Qualität meine ich nämlich nicht nur das, was du vermutlich auf Anhieb denkst.

Viele Musiker verstehen unter einer qualitativen Verbesserung ihrer musikalischen Darbietungen ganz genau das. Sie üben schneller zu spielen, besondere harmonische Abläufe umzusetzen, das Zusammenspiel zwischen den einzelnen Musikern zu optimieren, exakter zu greifen und einen höheren Stimmumfang einzusetzen. Das ist alles natürlich wichtig und gut, aber nicht ausschließlich das, was ich mit qualitativer Optimierung meine. Mit qualitativer Optimierung meine ich viel mehr als nur die Verbesserung deiner Musikalität.

Natürlich ist klar: Je besser die Qualität einer Sache, desto mehr sind die Menschen bereit, dafür zu bezahlen. Hier liegt also definitiv der erste Schlüssel zum finanziellen Erfolg deiner musikalischen Tätigkeiten. Und wenn du es wirklich optimal angehen willst, solltest du während deines vielschichtigen Qualitätsoptimierungsprozesses bereits Geld damit verdienen! Wie das gehen kann? Sag ich dir. Zuerst gibt's aber eine kleine Anekdote aus meinem Leben dazu.

Als ich am Konservatorium Gitarre und Gesang studiert habe, habe ich eine Geschichte erlebt, die ich wohl nie wieder vergessen werde. Ich war unten im Publikum, als eine Gruppe von Mitstudenten einen Probeauftritt oben auf der Bühne hatte. Das Publikum und der Dozent hatten die Aufgabe, konstruktives Feedback zu geben, Meinungen zu artikulieren und dergleichen.

Nach dem Probeauftritt wurde das erste Feedback an die Studenten auf der Bühne direkt von unserem Dozenten eingebracht. Er sagte: „Hey, wenn du das Gitarresolo spielst, dann dreh dich nicht zum Schlagzeuger, um mit den Augen zu kontrollieren, ob du tatsächlich exakt spielst. Dreh dich stattdessen zum Publikum und interagiere mit den Zusehern. Verlass dich für die musikalische Darbietung auf deine Ohren." Die Antwort des Studenten lautete: „Keine Sorge, ich mach das nur bei der Probe so. Am Gig mache ich es dann eh so, wie es gehört." – „Aber du kannst doch beim Auftritt nur das wiedergeben, was du in der Probe gelernt hast. Du musst so proben, wie du vorhast aufzutreten." – „Ja, ja", sagte der Student erneut beiläufig. Der Rest ist Geschichte. Es kam zum Konzert und ich konnte von Backstage aus beobachten, dass es der Student nicht schaffte, während seinem Solo den Blick vom Schlagzeuger abzuwenden, um ins Publikum zu blicken. Ich erzähle diese kurze Geschichte, weil du verstehen musst, dass du auch bei deinen Live-Darbietungen immer nur maximal die Qualität liefern kannst, die auch deine Proben haben. Genau das ist der entscheidende Punkt. Besser wird es wohl nicht werden, im Gegenteil: Das Licht blendet, das Herz rast und das Publikum ist auch immer für Überraschungen gut. Die Probe ist sozusagen der Konzertdurchlauf in einer Idealsituation.

Um deine Qualität als Musiker zu optimieren, reicht es außerdem nicht, wenn du dich rein auf die Verbesserung deiner musikalischen Performance konzentrierst. Das ist viel zu wenig. Es ist deshalb zu wenig, weil dein Publikum auf einem Konzert nicht nur die perfekte Musikalität sucht, sondern sehr viele andere Werte und Gegebenheiten, die in deiner Musik nicht automatisch enthalten sind. Dein Publikum sucht zum Beispiel das gesellschaftliche Ereignis. Kannst du dieses Bedürfnis mit deiner Musik alleine befriedigen? Nun ja, wenn auf deinem Konzert nicht viele Menschen sind, obwohl du gut spielst, kann deine Musik das offensichtlich nicht. Dein Publikum möchte vielleicht auch lachen. Ist das in deinen Songs berücksichtigt? Je nach Zielgruppe, will dein Publikum vielleicht noch ganz andere Dinge: weinen, körperliche Aktivität, Aggressionen abbauen, eine Phantasiereise erleben, Sex, sich ansaufen bis zum Umfallen, mitsingen und weiß der Geier was sonst noch. Vermutlich wird es nie möglich sein, alle Wünsche deiner Gäste zu erfüllen, aber je mehr du diese Wünsche kennst und berücksichtigst, umso mehr Publikum wirst du auf deinen Konzerten haben.

Ein Konzert zu geben, um ausschließlich perfekte Musik zu machen, wäre vergleichbar mit einem Handyhersteller, der Handys so produziert, dass du ausschließlich perfekt damit telefonieren kannst. Wer will das schon? Niemand. Die Leute wollen auf ihren Handys Fotos machen und speichern, Nachrichten schreiben, ins Internet gehen und so weiter. Das sind alles wichtige Bedürfnisse von Handyusern. Sie zu erfüllen ist, was den besten Herstellern am Markt ihren Erfolg einbringt. Die Telefonfunktion ist zwar eine zentrale Funktion, aber nicht das, wofür die Menschen hunderte Euro im Jahr für ihr Handy ausgeben. Genauso ist es mit der Musik auf einem Live-Konzert. Musik ist zwar die zentrale Funktion, aber noch lange nicht das, wofür deine Fans den Großteil ihres Geldes ausgeben möchten. Ginge es ausschließlich um die Musik, wäre dein Publikum nämlich auch mit einem Spotify-Account zufrieden. Sind sie aber nicht.

Sie wollen mehr als nur die perfekte musikalische Performance und dieses Mehr musst du ihnen bieten, wenn du etwas verdienen möchtest. Das gilt übrigens nicht nur für die Bühne. Das gilt für jeden Job innerhalb der Einnahmequelle der musikalischen Tätigkeiten. Ob du es glaubst oder nicht: Selbst bei Studiojobs geht es nicht nur um die reine Musikalität. Ich selbst entscheide mich bei Studiojobs nicht immer für die besten Musiker, sondern für die besten "Gesamtpakete". Ich will mit Menschen zusammenarbeiten, die ich schätze, die eine gute Stimmung ins Studio mitbringen und letztendlich auch musikalisch überzeugen. Genau diese Fähigkeiten zählen ebenfalls zur Optimierung deiner Qualität als Musiker, von der ich spreche. Gute Musiker gibt es viele. Die Optimierung deiner Musikalität kann aber niemals der alleinige entscheidende Faktor sein. Und weil das so ist, musst du dich um alle anderen Faktoren ebenfalls bemühen. Wenn du also live mit dem Publikum interagieren willst, musst du das bei den Proben üben. Wenn du live eine bombastische Bühnenshow planst, musst du das bei den Proben üben. Wenn du Lacher oder Tränen provozieren möchtest, musst du das üben. Und zwar alles so originalgetreu wie nur irgendwie möglich. Dann, und zwar nur dann, bist du gut vorbereitet und deine Proben sind als effizient einzustufen,

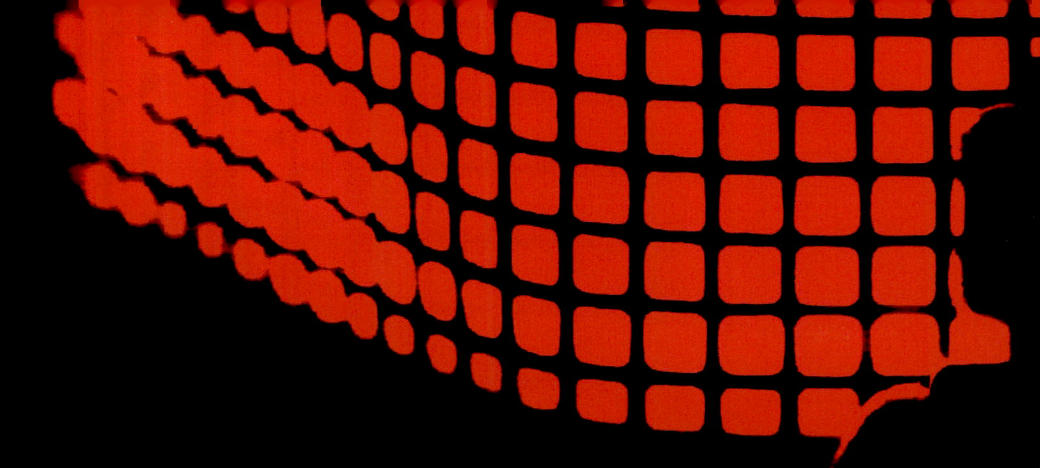

weil sie dich dann tatsächlich nahe an das herangebracht haben, was du erreichen wolltest.

Glaube bloß nicht, dass du irgendetwas nicht zu üben oder zu proben brauchst und es wird im entscheidenden Moment funktionieren. Das klappt nicht, wie bereits das Beispiel aus meiner Studienzeit gezeigt hat. Klar könnte das sogar mal zufällig hinhauen, aber nochmal: Du willst nicht Lotto spielen, sondern kalkuliert ein finanziell erfolgreicher Musiker werden.

Die quantitative Optimierung

Wie ich in meinem Buch **Erfolgreich, aber rasch! – Wie Musiker mit weniger Aufwand schneller ihre Ziele erreichen** bereits erwähnt habe, gibt es einen sehr klugen Spruch: **Weniger ist mehr.**

Wir wissen beide, wie der Spruch gemeint ist, aber lass dich nicht blenden. Hier und jetzt, genau in diesem Buchabschnitt, in dem es rein um die Steigerung der Einnahmen aus deiner musikalischen Tätigkeiten geht, ist dieser Spruch leider fehl am Platz. Mehr ist mehr – that's it, baby. Das ist es, was du willst.

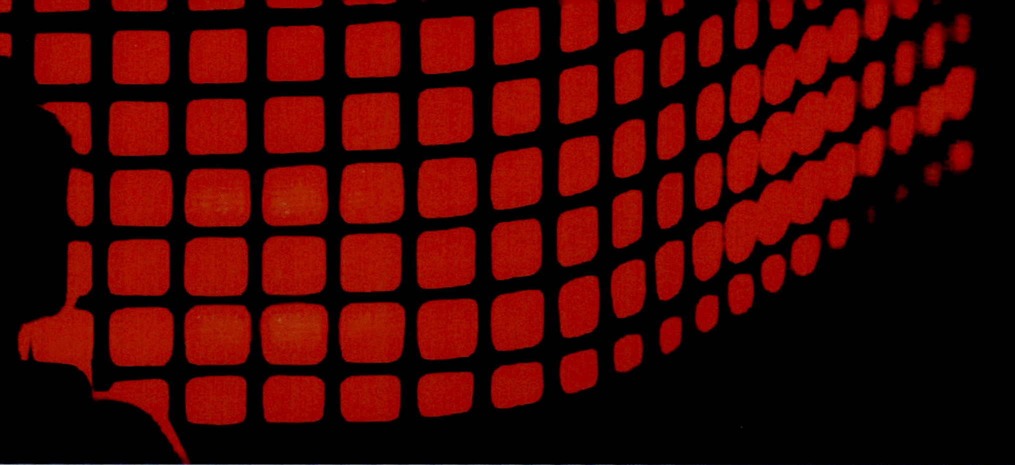

Du willst mehr Gigs, mehr Jobs als Studiomusiker, mehr Kohle und dergleichen. Und jetzt hättest du von mir gern ein Geheimrezept, nicht wahr? Ich verrate es dir. Es ist ganz offensichtlich ein Geheimrezept, weil sich kaum einer der Musiker, die ich kenne, daran hält. Es lautet folgendermaßen (Achtung, nicht weitersagen, ist geheim!):

Setz dich auf deinen Arsch, hock dich vor deinen Computer, nimm dein Handy in die Hand und beginne, Menschen zu kontaktieren, die dir einen verdammten Gig, einen verdammten Studiojob oder einen verdammten Kompositionsauftrag checken können.

Es ist genau so einfach, wie ich es sage. Ich schließe mit dir die Wette ab, dass du mehr Auftritte und Jobs bekommst, wenn du dich ab jetzt vermehrt drum kümmerst. Das liegt alleine am Prinzip von Input und Output, aber darauf gehe ich noch etwas später näher ein.

Ich kann das Gejaule der Musiker nicht mehr hören, die mir sagen, dass sie nicht genug Geld verdienen, weil sie keinen Manager oder Booker haben, der sich um deren Auftritte und Gagen kümmert. Wisst ihr nämlich, was ein Manager oder ein Booker macht, um euch Auftritte zu checken? Sie tun genau das, was ich dir gerade verraten habe. Sie halten sich an ein ewig lang überliefertes und gut behütetes Geheimrezept, dass außer ihnen offensichtlich niemand kennt:

Sie setzen sich auf ihren Arsch, hocken sich vor ihren Computer, nehmen ihr Handy in die Hand und beginnen Menschen zu kontaktieren, die ihnen einen verdammten Gig, einen verdammten Studiojob, oder einen verdammten Kompositionsauftrag checken können.

Und jetzt erklär mich nochmal, wieso es an diesem nicht vorhandenen Manager oder Booker liegen sollte, dass derart viele Musiker keine Kohle haben, und nicht an ihnen selbst? Wo doch die eben erwähnten Tätigkeiten absolut von jedem durchgeführt werden könnten. Wo dieses Geheimrezept ja von jedem einfach bewältigt werden kann.

Was bist du bereit zu tun?

Vor einiger Zeit wurde ich von einem guten Bekannten angerufen, der mir erzählt hat, dass er eine neue Band gegründet hat und er nun das Booking von dieser Band übernommen hat. Er fragte mich, wie viele Auftritte meiner Meinung nach für das erste Jahr anzustreben wären, damit ich sein Booking als erfolgreich bezeichnen würde. Nun, ich sagte ihm: Solltest du weniger als fünfzig Konzerte organisieren können, dann würde ich sagen, dass du nicht mehr als fünfzig Konzerte organisieren willst. Als er sagte, dass seiner Meinung nach 50 Konzerte unglaublich viel fürs erste Jahr seien, war ich doch verblüfft.

Ich war deshalb verblüfft, weil mein Gesprächspartner die Zahl 50 als eine Zahl sah, die eben schwierig zu erreichen sei. Nichts könnte diesen Fakt verändern. Für ihn galt: 50 Konzerte sind einfach viel. Dieser Gedankengang ist aber reines Gift. Die Zahl muss relativ betrachtet werden. 50 Konzerte zu organisieren kann man nicht als grundsätzlich viel oder grundsätzlich wenig Arbeit betrachten. Wichtig ist nämlich, wieviel Input du für diesen Output bereit bist zu liefern.

50 Konzerte sind dann viel Output, wenn du dich an lediglich fünf Abenden im Jahr hinhockst und ein paar Mails an Veranstalter verfasst. Was wäre aber, wenn du dir an allen konzertfreien Tagen, das sind 315 Tage im Jahr, Zeit nehmen würdest, um 50 Konzerte aufzustellen? In dieser Zeit könntest du Meetings machen, E-Mails schreiben, telefonieren, Deals aushandeln, eigene Konzerte organisieren etc. Manno, du könntest so unglaublich viel in 315 Tagen erreichen. Und 50 Konzerte zu organisieren, das wäre in einer derartigen Zeitspanne für die meisten eine Leichtigkeit! Und hier spreche ich von 50 Konzerten mit hoher Gage. 315 Tage Zeit für bloß 50 Gigs? 6 volle Tage Zeit um je einen Gig zu checken? Aber hallo! Da wirst du dich wohl nicht über die Schwierigkeiten beklagen, oder?

Es gibt also keine absoluten Schwierigkeiten beim Organisieren von Musikerjobs. Die Schwierigkeiten liegen nur an deiner Bereitschaft, das Nötige zu tun. Klar, was ich meine?

Rechnen wir mal

Lass uns ein bisschen rechnen. Es geht hier schließlich um Zahlen und darum, dass du eine Vorstellung von dem bekommst, was du gerne hättest: Kohle.

Das durchschnittliche Bruttojahreseinkommen von Arbeitnehmern in Österreich betrug 2016 etwa 30.000 Euro.

Damit du als Musiker dasselbe verdienst, müsstest du Tätigkeiten vollziehen, die dir zusammengerechnet diesen Betrag erwirtschaften. Du hast, genau wie alle anderen Bürger, 365 Tage Zeit, um das zu erreichen, abzüglich Sonntage und vielleicht auch noch zwei Wochen Urlaub, dann sind es immer noch rund 300 Tage. Wenn du ausschließlich aus deiner musikalischen Tätigkeit diese Einnahmen haben möchtest, müsstest du:

» **300** einzelne musikalische Tätigkeiten zu **€ 100,00**
» **150** einzelne musikalische Tätigkeiten zu **€ 200,00**
» **100** einzelne musikalische Tätigkeiten zu **€ 300,00**
» **60** einzelne musikalische Tätigkeiten zu **€ 500,00**
» **30** einzelne musikalische Tätigkeiten zu **€ 1.000,00**
» **1** einzelne musikalische Tätigkeit zu **€ 30.000,00**

akquirieren. Das sind natürlich lediglich Beispiele. Mir ist klar, dass es sehr unrealistisch ist, dass du nur einen Gig machen wirst, um mit 30.000 Euro dein Wunsch-Jahresgehalt zu erhalten. Vielleicht werden es auch nicht genau 100 Jobs sein, bei denen du genau 300 Euro verdienst. Vielleicht kommen dir 300 Euro sogar immer noch als viel Geld für eine deiner musikalischen Tätigkeiten vor?

Überlege einmal: 100 Jobs aufstellen, bei denen du 300 Euro verdienst? Ist das wirklich zu krass? Absolut betrachtet wirkt das tatsächlich nach sehr viel Aufwand. Relativ zu der dir zur Verfügung stehenden Zeit betrachtet aber nicht. Denn wenn du von deinen 300 Arbeitstagen alle 200 anderen Arbeitstage dafür aufwenden würdest, dir diese hundert Jobs zu organisieren, dann wirkt es plötzlich doch nicht mehr so unmöglich. 200 Tage Zeit. Weißt du überhaupt, wie viel das ist, wenn du das ernsthaft durchziehen würdest? Nicht vergessen, dass wir hier vom Äquivalent des Einkommens des durchschnittlichen Bürgers sprechen, inklusive Versicherungen, Steuerpflichten, doppeltem Gehalt etc.

Wenn wir uns ansehen, wie der Vergleich mit Arbeitslosengehältern aussieht, wird es noch viel verwunderlicher, warum sich so viele Musiker überhaupt arbeitslos melden. Laut Statistik Austria betrug das durchschnittliche monatliche Arbeitslosenentgelt (12-mal ausbezahlt) im Jahr 2013 etwa 960 Euro, das sind im Jahr 11.520 Euro. Jetzt rechnen wir noch einmal: 11.520 Euro, das sind:

» **300** einzelne musikalische Tätigkeiten zu **€ 38,40**
» **150** einzelne musikalische Tätigkeiten zu **€ 77,00**
» **100** einzelne musikalische Tätigkeiten zu **€ 115,00**
» **60** einzelne musikalische Tätigkeiten zu **€ 192,00**
» **30** einzelne musikalische Tätigkeiten zu **€ 384,00**
» **1** einzelne musikalische Tätigkeit zu **€ 11.520,00**

Wenn Musiker sich also arbeitslos melden, nachdem sie zuvor ein Durchschnittsgehalt verdient haben, dann sagen sie damit, dass sie es nicht schaffen, diese geringen finanziellen Ziele zu erfüllen. Really? You must be kidding! Das schafft jeder dahergelaufene Straßenmusiker mit Leichtigkeit – die erwirtschaften nämlich laut unterschiedlichsten Quellen einen durchschnittlichen Stundenlohn von rund 12 Euro. Das finanzielle Ziel des Arbeitslosenentgeldes von 11.520 Euro würde ein Straßenmusiker also erreichen, wenn er an 300 Tagen im Jahr je 3 Stunden arbeitet. Das sind nur 15 Wochenstunden. Und dabei hätte er immer noch 65 Tage im Jahr frei. Wenn sich das ein Musiker tatsächlich nicht zutraut, dann Gute Nacht. Der Job ist dann wirklich nicht der richtige für diesen Menschen.

Ach ja, und nur damit das eben erwähnte Straßenmusikergleichnis hier nicht zu weit hergeholt wirkt: R. Kelly, Rod Steward, George Michael und Tracy Chapman sagen dir was? Mir auch. Die waren nämlich alle früher mal Straßenmusiker. Die waren alle bereit, das zu tun, was erforderlich war, um das zu erhalten, was es dafür zu erhalten gab. Bist du das auch?

Und dann soll es tatsächlich noch Musiker geben, die sich nicht einmal das zutrauen. Musiker, die sogar die noch geringere Mindestsicherung empfangen, anstatt den gleichen Betrag durch ihre Musik zu erwirtschaften. Die Mindestsicherung ist noch geringer als das Arbeitslosengeld! Die Mindestsicherung beträgt 2019 in Österreich rund 863 Euro. Aber das kannst du dir jetzt selber ausrechnen.

Ich weiß nicht, wie viele Musiker ich in meinem bisherigen Leben sagen gehört habe, dass sie alles tun würden, nur um von der Musik leben zu können, aber das sei ihnen nicht möglich. Deshalb machen sie den einen Job, der ihnen überhaupt nicht gefällt. Tja. Bullshit. Es ist möglich. Aber diese Musiker reden nur. In Wirklichkeit sind sie nicht bereit, das zu tun, was erforderlich ist, um ihren Traum zu leben. Sei also auf jeden Fall ehrlich zu dir selbst. Du könntest, wenn du wolltest, aber wenn du dich dagegen entscheidest, bist du eben auch nicht bereit, das zu tun, was erforderlich wäre. Du bist nicht bereit, dich zum Beispiel für 200 Tage hinzusetzen, um Konzerte zu buchen. Alleine das würde, im Regelfall ohne besondere Fähigkeiten, reichen, um 100 Konzerte oder mehr zu organisieren. Stattdessen entscheiden sich sehr viele leidenschaftliche Musiker dafür, 300 Tage lang einen Job zu machen, den sie überhaupt nicht mögen, um dann ihrer nicht vorhandenen Musikkarriere nachzutrauern. Komisch irgendwie.

Also, wie steht's mit dir? Bist du auch bereit zu tun, was für deinen Traum erforderlich ist?

Wir können an den vorhergehenden Tabellen eindeutig sehen, dass die quantitativen Ausprägungen deiner musikalischen Tätigkeiten einen riesigen Unterschied machen. Du musst dich lediglich für die richtige quantitative Strategie entscheiden. Entweder du entscheidest dich für viele Auftritte zu geringen Gagen oder du entscheidest dich für wenige Auftritte zu höheren Gagen oder du machst einen Mix draus. Bedenke dabei, dass du automatisch mehr Planungszeit bekommst, wenn du weniger Auftritte spielst. Das ermöglicht dir dann auch, leichter Jobs zu finden, die dir höhere Gagen einbringen, als wenn du nur wenig Zeit zu investieren hättest. Es gibt also keine schlechte Strategie, sondern nur schlechte Disziplin im Einhalten dieser Strategien.

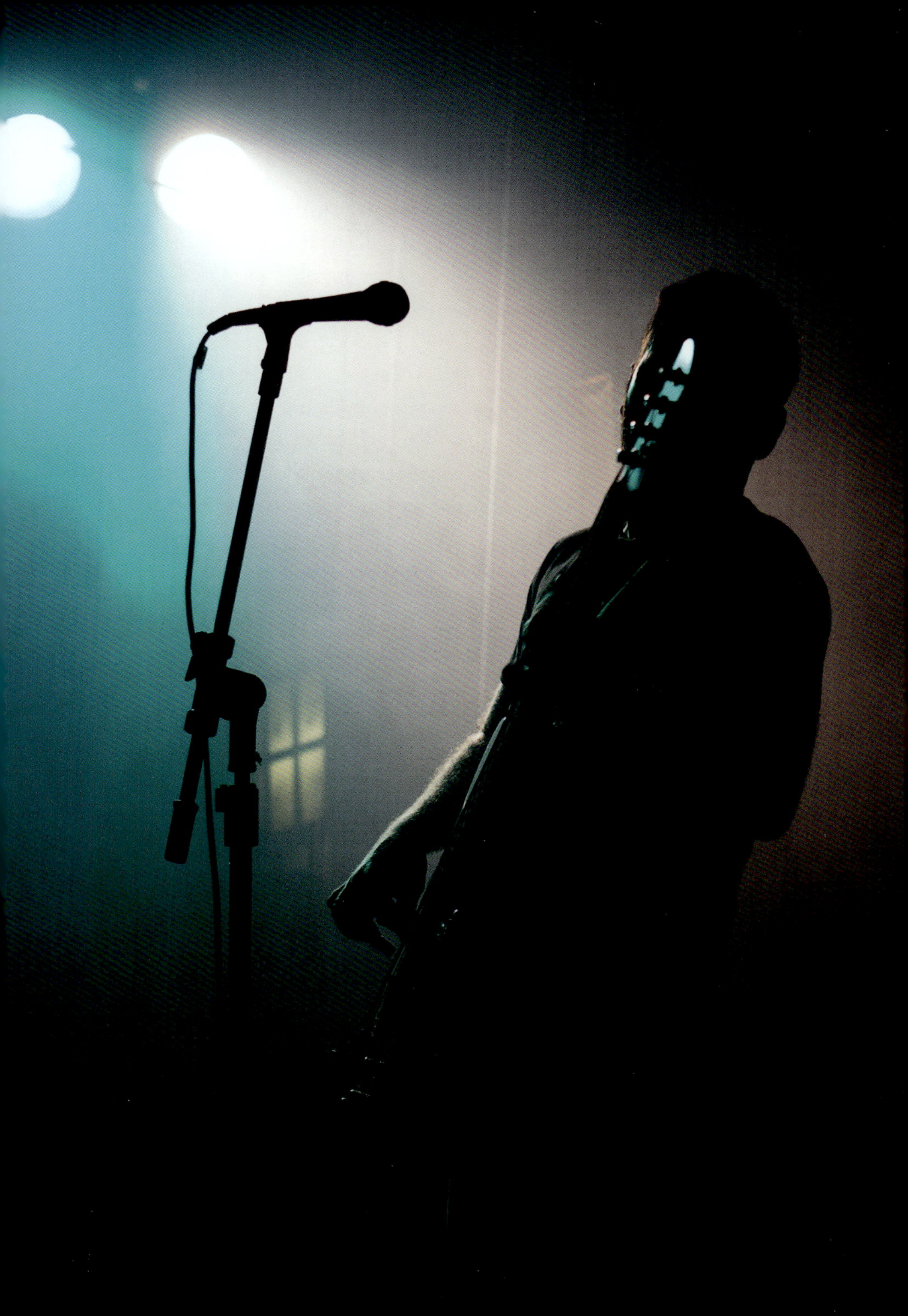

1.2 Einnahmequelle: Musiknahe Tätigkeiten

In diese Kategorie fallen alle Tätigkeiten, bei denen du zwar mit Musik oder dem Musikbusiness zu tun hast, die aber nicht aktives Musizieren für direktes Geld beinhalten. Darunter fallen also alle möglichen Jobs im Musikbusiness wie zum Beispiel Künstlermanager, Booker, Plattenfirmen-Mitarbeiter, Tonstudioassistent, Roadie, Radiomoderator für Musiksender, Verkäufer im Musikgeschäft, Proberaumvermieter, Veranstalter, Tonträgerverkäufer und dergleichen. Ich könnte hier jeden Job nennen, der innerhalb der weltweiten Musikindustrie verfügbar ist. Selbst ein schlichter Angestelltenposten in einem CD-Presswerk oder bei einem Streaming-Dienst-Startup kann ganz tolle Einblicke in einen spezifischen Bereich im Musikbusiness bieten. Dabei gibt es den Bonus des zuverlässigen Monatsgehalts noch obendrauf. Und hey, wer weiß, vielleicht bist du sogar der Gründer dieses Startups. Aber Vorsicht, wer zu viele Projekte am Laufen hat, bekommt oft keines davon so richtig in die Gänge. Pass also auf jeden Fall auf, dass deine anderen Projekte und Tätigkeiten deinem Musikprojekt nicht den Rang ablaufen. Sonst, naja... kannst du dich vielleicht eines Tages nicht mehr Musiker nennen.

Ebenfalls in diese Einnahmequelle passen musiknahe Tätigkeiten als Musik- oder Instrumentallehrer bzw. alle musikalisch-pädagogischen Berufe. Auch das sind Jobs, ohne die das Musikbusiness nicht so funktionieren würde. Viele erfolgreiche Musiker haben nämlich guten Musikunterricht genossen. Sehr viele von den eben genannten Wegen, mit denen du Geld verdienen kannst, sind also schlichtweg unverzichtbar für das Business. Und das ist gut so. Gut für dich als Musiker. Gäbe es keine Proberaumvermieter, gäbe es weniger Proberäume, in denen Musiker besser werden könnten. Gäbe es keine Tonstudioassistenten, würden viele Tonstudios nicht auf ihrem hohen Niveau produzieren können, und gäbe es keine Musik-Veranstalter, dann wäre die Welt sowieso eine ziemlich triste. Weil also die gesamte

Musikindustrie von derartigen Jobs abhängig ist, wird es diese Beschäftigungsperipherie immer und zuverlässig geben, solange es die Musikindustrie gibt.

Vieles hat sich mit der Zeit verändert und einige Berufe im Musikbusiness sind heute nicht mehr die, die sie noch vor einigen Jahren waren. Sogar der Beruf des Musikers selbst hat sich in jüngster Zeit gewandelt. Nichtsdestotrotz gilt immer, dass jede Branche einer sekundären Infrastruktur bedarf, um ihren primären Zweck zu erfüllen. Anders ausgedrückt: Die Musikstars würden nicht in demselben Ausmaß existieren können, wie sie es tun, wenn gewisse andere Menschen nicht dafür sorgen würden. Dann gäbe es zum Beispiel von Adele, Eminem und Jason Derulo keine derartig eindrucksvollen Videoclips auf Youtube, die irgendeine Videofirma für sie gemacht hat. Ich glaube, du verstehst, was ich meine. Diese Tätigkeiten bieten Musikern tatsächlich sehr viele weitere Möglichkeiten, um Geld zu verdienen.

Ich hoffe, du fühlst dich jetzt nicht auf den Schlips getreten, weil ich bereits an dieser Stelle im Buch von den Einnahmequellen eines in deinen Augen tatsächlichen aktiven Musikers abschweife? Nun, die Realität zeigt, dass die wenigsten Musiker derartige Jobs nicht ergreifen. Das ist aber keine zwangsläufig schlechte Nachricht. Im Gegenteil. Oft werden derartige Jobs als Ergänzung zum aktiven Musizieren gemacht, gerade weil sie echte Vorzüge für Musiker aufweisen und einen tiefen Brancheneinblick bieten, der den Musikern ansonsten verwehrt bliebe. Diese tiefen und spezifischen Einblicke in die Musikwirtschaft können wiederum die musikalische Karriere durch Insider-Informationen stark vorantreiben.

Der Amerikaner hawaiianischer Abstammung Robert T. Kiyosaki schreibt in seinem Bestseller-Buch Rich Dad Poor Dad, dass man einen Job nie des Geldes wegen annehmen sollte, sondern immer nur des Lernprozesses wegen. Wenn du einen Job des Geldes wegen machst, kann er dir niemals mehr bringen als das Geld, das du durch diesen Job maximal verdienen kannst. Solltest du eine Arbeit aber wegen des Lernprozesses ausführen, dann setzt du dir mit diesem Job kein finanzielles Limit. Im Gegenteil, du näherst dich damit finanziellen Zielen, die oberhalb des Plafonds stehen, der durch diesen Job vorgegeben wird. Diese Ziele rücken deshalb näher, weil du durch den Lernprozess immer besser wirst und laufend Fähigkeiten erlangst, die du zuvor nicht hattest. Genau das ist der Punkt.

Musiker verdienen deshalb oft Geld durch die Einnahmenquelle der musiknahen Tätigkeiten, weil sie in dieser Kategorie etwas dazulernen können, und zwar über einen Bereich, den sie bestmöglich verstehen sollten: das Musikbusiness. Da sie in diesem Bereich durch ihre Arbeit immer mehr Wissen und Fähigkeiten erlangen, kommen sie also auch ihrem ultimativen Ziel näher: einer finanziell erfolgreichen Musikkarriere.

Ein paar Beispiele

Mir fällt dabei ein Freund ein, der sehr viele Jahre als Booker bei einer großen Booking-Agentur gearbeitet hat. Er hat sehr vielen Stars zu regelmäßigen und gut bezahlten Gigs verholfen. Während all dieser Zeit saß er lediglich in seinem Büro, hat den Telefonhörer bis zum Abwinken geschwungen, E-Mails versendet wie ein Wahnsinniger und gelernt, in Verkaufsgesprächen gut zu argumentieren. Er selbst hatte in dieser Zeit nur sehr wenige Auftritte mit seinem eigenen Musikprojekt. Dreimal darfst du raten, wie sehr sich seine Erfahrungen in den nachfolgenden Jahren bezahlt gemacht haben, als er seinen Job bei der Booking-Agentur an den Nagel gehängt hat. Wenn er will, kann er heute noch problemlos von seiner Musik leben, und zwar durch seine neu erlernten Fähigkeiten als Booker. Fähigkeiten, die er dazugelernt hat, als er in einer musiknahen Sparte Geld verdient hat. Als er also nicht aktiv Musik machte.

Auch ich hatte schon ähnliche Erlebnisse. Als ich 18 Jahre alt war, arbeitete ich am ersten Album mit meiner Band. Wir ließen unser Erstlingswerk in einem super Tonstudio von einem genialen Produzenten produzieren, der mir damals von einem meiner Mentoren empfohlen wurde. Um uns diese Produktion zu ermöglichen, investierten wir all unsere Einnahmen, die wir mit der Band in der Vergangenheit eingespielt hatten, und verbrachten zwei Wochen beinahe täglich in diesem Studio. Es tat anfangs zwar weh, so viel Geld einzusetzen, aber wir wussten instinktiv, dass ein Album nun unser nächster Schritt sein musste.

Während den Aufnahmen saß ich immer direkt neben dem Produzenten im Regieraum, wenn ich mal nicht einspielen oder einsingen musste. Ich konnte meine Bandmitglieder im Aufnahmeraum durch die riesige Glasscheibe beobachten und zeitgleich sehen, wie der Produzent mit den Signalen umging, die er in seinem riesigen Mischpult empfing. Ich fand es richtig faszinierend, wie er an Knöpfen drehte, Regler verschob, Files am Computer schnitt und unterschiedlich blinkende Geräte ein- und ausschaltete. Ich verstand zwar nicht genau, was er da tat, aber ich bekam mit, dass er mit seinen Aktionen dafür sorgte, dass wir als Band und Musiker besser klangen. Es war wie Zauberei für mich. Richtig cool.

Nachdem die Band mit dem Album fertig war und wir das Masterband in Händen hielten, verabschiedeten wir uns dankbar von diesem Produzenten. Als ich zu Hause ankam, hatte ich aber eine bessere Idee, als den Kontakt zu diesem Typen für alle Ewigkeit zu begraben. Ich rief ihn deshalb gleich nochmal an und bot ihm an, in seinem Tonstudio als Studioassistent zu arbeiten. Ich könne ihn unterstützen, sooft er es brauche, sei flexibel und würde schon Wege finden, mir das alles zeitlich zu ermöglichen. Wieviel Geld ich denn gerne als Gegenleistung dafür haben möchte, fragte er mich. Doch mir ging es nicht ums Geld, sondern darum, etwas zu lernen. „Ich will kein

Geld", sagte ich. „Ich will dabei nur etwas lernen. So viel wie irgendwie möglich. Dafür arbeite ich sehr gerne gratis."

Du kannst dir vorstellen, dass mich dieser Produzent so gut wie immer um sich haben wollte. Ich meine ... hey ... wer ist schon selbständiger Tonstudioproduzent und hat eine topmotivierte Gratis-Arbeitskraft zur Verfügung? Und weil das so war, lernte ich mit einem derartigen Affentempo neues Zeug, dass es beinahe schon pervers war und ich regelmäßig dachte, dass mein Kopf bald explodieren müsste. Ich erfuhr, was welche Geräte tun und wie ich sie bedienen muss. Welche Vor- und Nachbereitungen für die Produktionen erforderlich waren. Kostenkalkulationen und das Verhältnis zwischen Betriebseinnahmen und Betriebsausgaben. Hätte ich einen Kurs dafür besucht, hätte ich definitiv viel weniger dabei gelernt, hätte weniger Praxiserfahrung gehabt und vermutlich auch noch Unmengen an Geld dafür bezahlt.

In diesem Tonstudio war ich eindeutig für die nicht-musikalischen Tätigkeiten zuständig. Du weißt schon, ich war der, der die Mikroständer richtig einstellte, die Verstärker abstaubte und das System hochfuhr, bevor The Grand Master – the producer himself – sich überhaupt ins Tonstudio begab. Ich durfte natürlich auch mitarbeiten und live dabei sein, wenn andere Bands Aufnahmen machten und konnte auf diese Weise viele Kontakte direkt mit den Musikern knüpfen. Und was ich von denen erst lernen konnte! Wie die ihre Studioaufnahmen aufzogen und wer, wann, was, wie und warum einspielte. Es fühlte sich an wie in der absoluten Höhle der Löwen des Musikbusiness, nur dass diese Höhle nicht bedrohlich war, sondern berauschend.

Ich war etwa ein Jahr bei dem Produzenten in seinem Tonstudio aktiv und habe von ihm nie Geld für meine Leistungen erhalten. Das machte mir aber auch nichts. Geld wäre im Vergleich dazu, was ich dort für meine eigene Musikkarriere gelernt hatte, komplett wertlos gewesen. Als ich nach dieser Zeit beschloss, wieder ein eigenes Band-Projekt auf

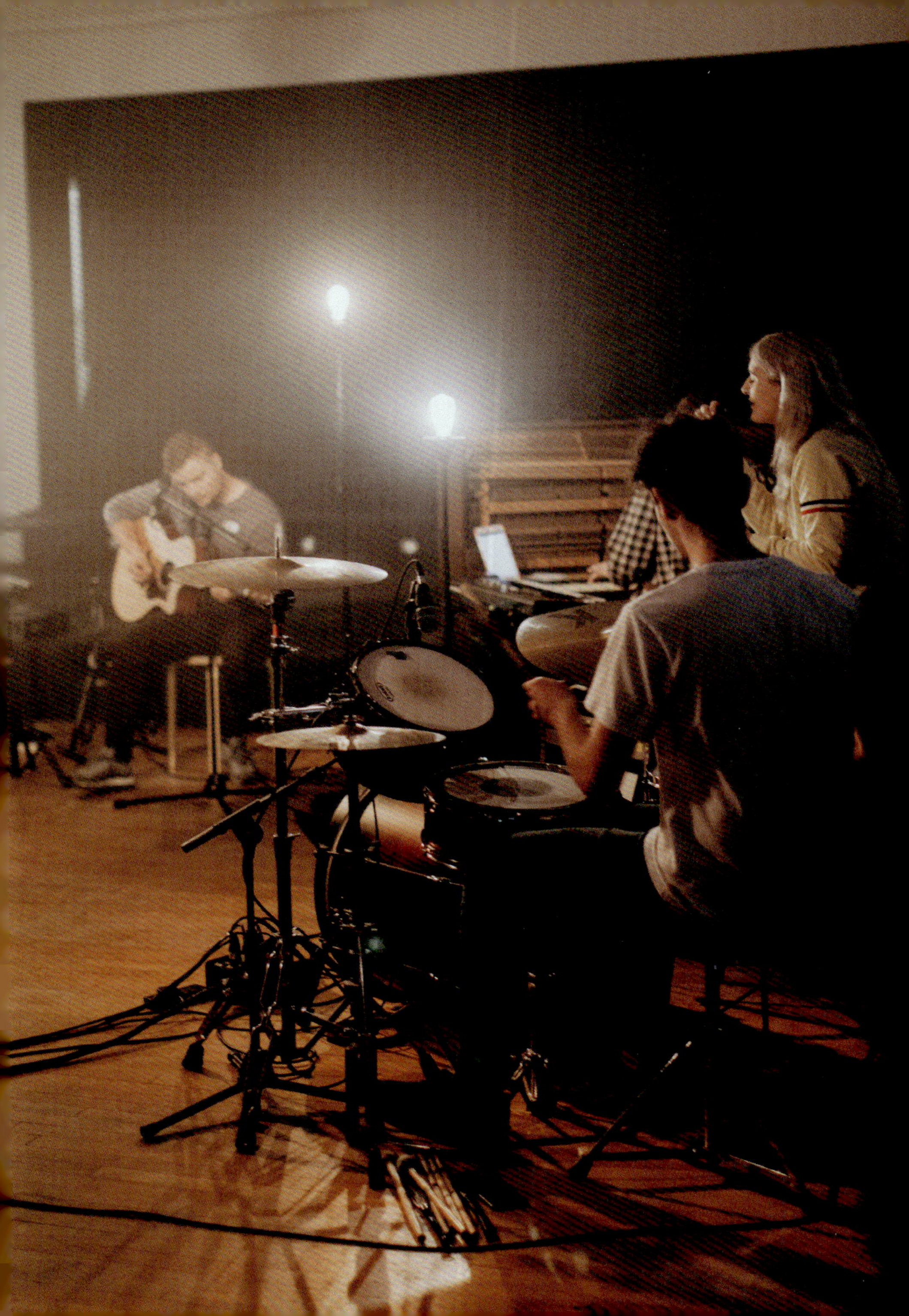

die Beine zu stellen, wusste ich nicht nur, was zu tun war. Ich wusste auch, welche Geräte ich brauchte, um meine Soundvorstellungen zu realisieren und wie ich diese zu bedienen hatte. Und nebenbei war mir auch noch klar, was das für meinen Geldhaushalt zu bedeuten hatte. Da ich auch gelernt habe, wie ich Betriebseinnahmen und -ausgaben gegenüberzustellen hatte und was ein Betrieb überhaupt war, hatte ich von Anfang an einen Plan, der besser war als jeder, den ich zuvor hatte. Und dieser Plan funktionierte deshalb so gut, weil ich mit einem ganz anderen Wissen und ganz anderen Fähigkeiten in meine neue Musikkarriere starten konnte.

Ich bin heute überzeugt, dass ich deutlich weniger in meiner bisherigen Musikkarriere verdient hätte, wenn ich derartige Jobs nicht gemacht hätte. Jobs, in denen ich nicht aktiv Musik machte, aber aktiv etwas dazulernte, was mir bei meinem ultimativen Ziel unter die Arme griff.

In Steven Coveys Bestsellerbuch The seven habits of highly effective people lautet einer der Grundsätze: Begin with the end in mind. Er will damit sagen, dass es sich vor allem dann lohnt, einer Sache nachzugehen, wenn du bereits zu Beginn dieser Sache eine klare Vorstellung davon hast, was am Ende dabei rauskommen soll. Viele Menschen leben oder arbeiten in den Tag hinein, ohne eine klare Zielvorstellung zu haben. Wie auch der stoische Philosoph Seneca aber bereits vor vielen Jahren sagte, gilt: Wenn du nicht weißt, welchen Hafen du ansteuerst, ist kein Wind der richtige.

Als ich im Tonstudio anfing, war mir damals bereits klar, dass mein Ziel nicht wäre, in einem Tonstudio zu arbeiten, sondern diese Fähigkeiten für meine Zeit auf der Bühne in Soloprojekten und mit Bands einzusetzen. Da ich das zu Beginn bereits wusste, waren meine Tätigkeiten, meine Fragestellungen und meine Erlebnisse im Tonstudio anders und vor allem spezifischer, als sie gewesen wären, wenn ich mir dieser Sache nicht bewusst gewesen wäre.

Eine musiknahe Tätigkeit auszuführen ist also überhaupt kein Problem, solange du weißt, was du im Endeffekt willst. Solange du weißt, dass du ein finanziell erfolgreicher Musiker werden möchtest und musiknahe Tätigkeiten dich einen Schritt näher an dein Ziel bringen können, sind sie ein idealer Wegbegleiter auf deiner Zielgeraden.

Musiklehrer sein

In diesem Buch kann ich natürlich nicht auf alle Möglichkeiten eingehen, mit denen man innerhalb der Musikbranche Geld verdienen kann, weil es schlichtweg zu viele sind. Doch die des Musikpädagogen möchte ich explizit erwähnen, weil sehr viele Musiker von dieser Möglichkeit Gebrauch machen.

Das Dogma vom ewigen Musiklehrer, der nur deshalb Musiklehrer wurde, weil er keine erfolgreiche Musikkarriere hinlegen kann, ist mittlerweile so alt wie die Mumie des Tutanchamun, der einst im alten Ägypten regierte. Natürlich gibt es diejenigen, die Lehrer werden, um einen Ausweichjob anzunehmen und die dann frustriert im Klassenzimmer hocken oder ihre Privatschüler in einer ihrer depressiven Phasen zumüllen, aber das ist definitiv nicht bei jedem so. Schwarze Schafe gibt es leider überall.

Musiklehrer zu sein ist für viele Musiker weit mehr als ein Ausweichjob. Und ich spreche auch hier nicht nur von den No-Name-Musikern. Die Jazz-Legende Roberta Flack, der Kiss-Bassist Gene Simmons, Sting und viele andere waren vor, während oder nach ihrer Karriere als Musikerlehrerin und Musiklehrer oder Pädagogen für verwandte Bereiche, wie das Theater, tätig. Schlichtweg, weil es eine wunderschöne Aufgabe und eine nie endend wollende pädagogische Herausforderung sein kann, wenn du sie als eine solche akzeptierst. Auch ich liebe es zu unterrichten und das hat bei mir, wie auch bei sehr vielen anderen, eine Unmenge an Gründen.

Das Sprichwort Geben ist seliger denn nehmen trifft hier in vollem Umfang für sehr viele Lehrerinnen und Lehrer zu. Ich kenne beinahe keinen Lehrer, den es kalt lässt, wenn seine Schülerinnen und Schüler glücklich über ihren Fähigkeitszuwachs sind. Im Gegenteil. Halte mich jetzt bloß nicht für komplett bescheuert, aber ich war teilweise schon so unsagbar stolz auf meine Schülerinnen und Schüler, dass ich beinahe Pipi in den Augen hatte. Wenn du merkst, dass sich deine Schüler deine Worte zu Herzen nehmen und versuchen, ihr Leben zu verändern, um deinen Ratschlägen zu folgen, ist das eine der schönsten Erfahrungen, die ich bis jetzt erleben konnte. Ich habe vom Publikum aus beobachten können, wie die Band, die ich gecoacht habe, meine Tipps so direkt und unverblümt umsetzen konnte, dass ihr Konzert ein voller Erfolg wurde. Und das, nachdem ihre früheren Konzerte ohne mein Coaching ein emotionales und finanzielles Desaster waren.

Ich finde es toll, weitergeben zu können, was ich weiß. Es ist im Falle von Musikern deshalb besonders toll, weil um die Musik und das Musikbusiness derart unüberschaubare Mythen mit hunderttausenden Geheimnissen kreisen, dass ich das Gefühl habe, dass meine Erfahrungen und Informationen tatsächlich wertvoll sind. Und was gibt es Schöneres, als Wertvolles weitergeben zu können? Und das Beste daran ist: Wer seine Erfahrungen teilt, verdoppelt sie! Denn schließlich verlassen sie mich nicht in dem Augenblick, wenn ich sie meinen Schülerinnen und Schülern zur Verfügung stelle.

Übrigens: Weil ich Mentoring – das Begleiten eines Musikers in seiner Karriere – als einen sehr wertvollen Eckpfeiler wahrnehme und auch selbst hammermäßige Mentoren hatte, habe ich ein eigenes Mentoring-Service entwickelt. Auf meiner Website können Musiker wie du daher von mir ausgewählte und empfohlene Mentoren aus unterschiedlichsten musikalischen Expertenfeldern buchen. Diese Mentoren setzen sich dann mit dir in persönlichen Meetings oder per zeitlich und örtlich unabhängigen Videochats auseinander, um dich bestmöglich zu fördern. Immer gesetzt den Fall, dass das Mentoring von beiden Seiten als eine sinnvolle Karrieremaßnahme eingeschätzt wird.

Musiklehrer zu sein ist aber nicht immer gerade einfach. Ich hatte mal einen begeisterten, aber sehr untalentierten Privatschüler. Nachdem ich mir in den ersten Stunden ein Bild von seinen relativ überschaubaren Fähigkeiten machen konnte, dachte ich: Ach du heiliger Bimbam! Dieser Schüler war musikalisch gesehen wirklich, wirklich schwach. Ich bemerkte das eigentlich erst, als ich mit ihm immer leichter werdende Übungen machte und er nach wie vor kontinuierlich und deutlich daran scheiterte. Oft ohne es selbst zu merken. Als letzte Übung, um vielleicht doch noch einen Funken Musikalität in ihm zu entdecken, sagte ich: „Sieh und hör genau zu, was ich jetzt mache. Wenn du verstehst, was ich tue, dann steig ein und mache mit mir mit." Dann klatschte ich schlichtweg mit gleichbleibendem, langsamem Tempo, kontinuierlich in meine Hände. Er sah zuerst mich an, dann auf meine Hände und schien mitzudenken. Danach hob er seine Hände und stieg ein, um im gleichbleibenden, langsamen Tempo mit mir mit zu klatschen. Nach etwa vier gleichzeitigen Klatschern begann sich sein Klatschen von meinem zu verschieben. Zuerst nur leicht, dann immer gravierender. Er schaffte es nicht ohne meine Hilfe, sich wieder meinem Klatschvorgang anzugleichen. Unglaublich. Und so saß er vor mir mit seiner neu gekauften E-Gitarre in seiner dritten Privatstunde und sagte, er würde gerne so coole Soli spielen können wie Metallica. Shit.

Was macht man als Lehrer in einer derartigen Situation? Ich überlegte. Dann sagte ich ihm die eiskalte und bittere Wahrheit ins Gesicht: „Ich schätze dich als Menschen sehr. Ich finde dich sympathisch und ich stehe auf deine musikalische Motivation. Ich möchte aber auch, dass du weißt, dass du mit Abstand der unmusikalischste Mensch bist, der mir jemals begegnet ist. Ich bin für dich unterstützend da, solange du das möchtest, aber es wird mit Sicherheit ein sehr steiniger Weg,

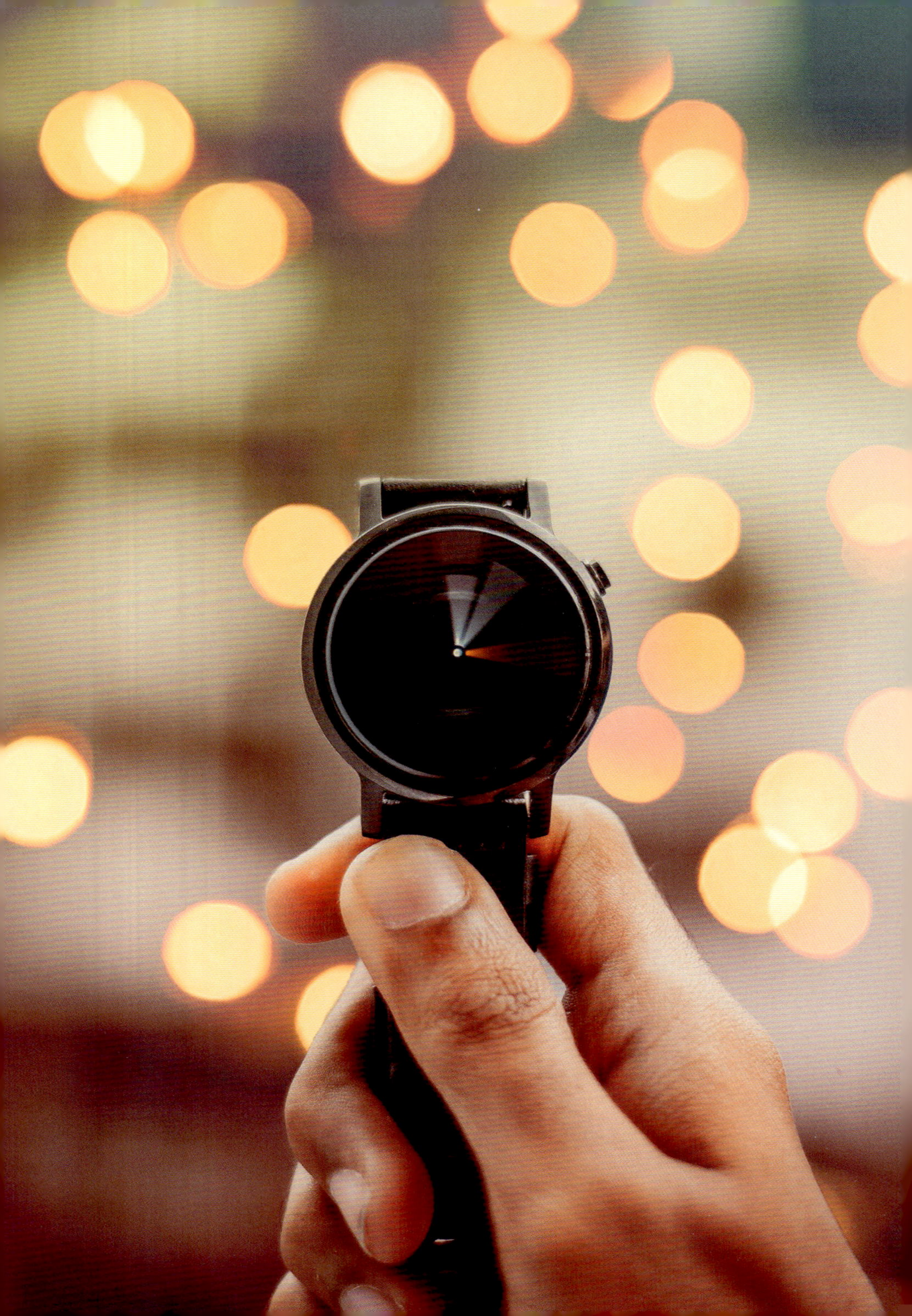

der möglicherweise nicht in dem Ziel mündet, das du dir vorstellst." Es war wirklich nicht leicht für mich, diese Worte so deutlich auszusprechen. Ich rechnete damit, dass er gleich losheulen oder mich wüst beschimpfen und wutentbrannt die Tür hinter sich zuknallen würde. Aber nichts dergleichen passierte. Er blieb drei Jahre lang mein Privatschüler und war damit der längste durchgehende Privatschüler, den ich jemals hatte. Er versäumte nie eine einzige Stunde. Er gründete eine Band und spielte darin jedes Solo, das er spielen wollte – auf seine Art und Weise. Ich habe eines seiner Konzerte besucht, wobei das Publikum von der Darbietung komplett begeistert war. Nach drei Jahren Unterricht bedankte er sich bei mir für die Unterstützung. Wow. Was für ein toller Schüler!

Ist es nicht unglaublich, so etwas aus erster Reihe miterleben zu können und zu wissen: Ich habe zu diesem musikalischen Glück einen Beitrag leisten können! Und dabei sogar noch Geld verdient! Ich sag es euch: Ja, es ist toll.

Das Geheimnis der Gleichzeitigkeit

Um als Musiker mehrere Einnahmequellen (MEQ) zu erreichen, gibt es viele Möglichkeiten. Wichtig beim Geldverdienen durch jegliche Tätigkeit ist es aber immer zu bedenken, dass die eigene Zeit begrenzt ist. Der Tag hat, auch aus der Sicht eines Musikers, nur vierundzwanzig Stunden. Es ist daher zwar möglich, sich den Allerwertesten abzurackern bis zum Umfallen, um durch mehrere Einnahmequellen Geld zu verdienen, aber es gibt auch eine durchaus interessantere Lösung: Gleichzeitigkeit.

Die Lösung lautet nicht, den Vierundzwanzig-Stunden-Tag mit Arbeit zu füllen, sondern dafür zu sorgen, dass mehrere Einnahmequellen zur gleichen Zeit und parallel laufen können, anstatt nacheinander. Damit eben auch zur gleichen Zeit Geld in deine Taschen kommt.

Mir ist klar, dass du dich nicht in mehrere Teile aufteilen kannst, aber das ist dafür auch nicht erforderlich. Es gibt viele Aktivitäten, mit denen du durch musiknahe Tätigkeiten Geld verdienen kannst, ohne sie selbst und direkt auszuführen. Die Kohle kann dann trotzdem in deinen Taschen landen, und das allerbeste daran ist: Die Kohle kann selbst dann in deine Taschen wandern, wenn du schläfst.

Was auf den ersten Anhieb wie ein Zaubertrick klingt, ist eigentlich keine Hexerei, sondern vielmehr das, was viele erfolgreiche Menschen machen, um ihre finanzielle Basis zu stabilisieren. Es gibt dabei Geschäftsfelder, die absolut auf der Hand liegen, und solche, bei denen etwas Kreativität gefragt ist.

Zusatzverdienste leicht gemacht

Der Vertrieb der eigenen Musik ist wohl die naheliegendste aller zusätzlichen Einnahmequellen für Musiker. Und obwohl sie so naheliegend ist, wird oft aus dieser Einnahmequelle nicht ansatzweise das herausgeholt, was herausholbar wäre. Wenn deine CD, deine DVD, deine Streams oder dergleichen gewinnbringend vertrieben werden, bist du eigentlich bereits am Ziel. Dann hast du dir eine zusätzliche Einnahmequelle erschlossen und deinen finanziellen Cashflow auf breitere, weil vielseitigere Beine gestellt.

Und wieder muss ich an einen einfachen Straßenmusiker denken, der in seinem offenen Gitarrenkoffer auch noch zwei verschiedene CDs von sich zum direkten Kauf bereitstellt. Die Mathematik ist hier simpel. Bei zwei gleichwertigen Straßenmusikern, die genau die gleiche Musik an einem gleichwertigen Ort spielen, wir derjenige mehr Geld verdienen, der das größere Angebot hat. Derjenige Straßenmusiker, der also noch seine CDs parallel zum Kauf anbietet, steigt mit einer hohen Wahrscheinlichkeit umsatztechnisch besser aus.

Das ist einer der Grundsätze der Marktwirtschaft: Angebot schafft Nachfrage. Wer also nichts anbietet, wird keine Nachfrage erhalten. Wichtig für einen erfolgreichen Vertrieb deiner Produkte ist, dass du für Infrastruktur sorgst, die dir ebendies ermöglicht. Natürlich könntest du einfach nach dem Konzert beim Ausgang stehen und dein Publikum zwangsbeglücken, indem du versuchst, noch die eine oder andere CD loszuwerden. Das ist aber erstens nicht die feine englische Art und zweitens gibt es etwas Besseres, als nach deinem Konzert noch Zeit für den Verkauf aufzuwenden. Besser ist, die Gleichzeitigkeit deiner Einnahmequellen zu forcieren. Dann sind deine Einnahmen nämlich nicht durch deine persönlichen Zeitressourcen begrenzt. Du weißt schon, wir wollen ja, dass du nicht immer deine eigene Zeit opfern musst, um Geld zu verdienen. Das wird nämlich früher oder später unlustig. Zeit ist eine viel zu wichtige Ressource, als dass man mit ihr im übertriebenen Ausmaß um sich schmeißen sollte. Wie du darauf achten kannst, mit dieser wichtigen Ressource perfekt zu wirtschaften, kannst du in meinem Buch **Erfolgreich, aber rasch!** nachlesen.

Mit deiner Zeit gehst du unter anderem dann effizient um, wenn du zuerst für eine Infrastruktur sorgst, die dann den Vertrieb deiner Musik für dich übernehmen kann – und zwar ohne dass deine Anwesenheit erforderlich ist.

Ein Beispiel dafür wäre ein kleiner Fanshop auf deinem Konzert, bei dem ein Verkäufer steht, der vor, während und nach deinem Gig deine Produkte verkauft. Was hat der Verkäufer davon? Ich denke, da kannst du als Musiker kreative Lösungen finden, selbst wenn du noch nicht viel Geld zur Verfügung hast. Mögliche Benefits für den Verkäufer könnten sein: gratis Eintritt, gratis Getränke am Konzertabend, gute Sicht auf die Bühne und 30 Prozent der Verkäufe aus deinem Shop. Eigentlich ist das alles relativ überschaubar und du würdest dich wundern, wie viele Menschen sich über so einen Nebenjob freuen würden. Eigentlich fände selbst ich das cool. Selbst nämlich, wenn ich als Verkäufer an diesem Abend mit dem CD-Verkauf nicht viel verdient hätte, hätte ich eben immer noch alle anderen genannten Benefits genießen können. Gute Sicht auf einen geilen Gig und Freibier! Es gibt Schlechteres, oder?

Solange der Verkäufer also mit dem Deal zufrieden ist, solltest du es auch sein. Denn mit dieser Infrastruktur erfordert der Verkauf deiner analogen Produkte nicht mehr deine Zeit. Ach ja, und wenn ich schon Produkte schreibe, meine ich das auch so. Tonträger sind lediglich eine von vielen möglichen Produkten, die in deinem Shop verkauft werden könnten. Es spricht überhaupt nichts dagegen, T-Shirts, Schlüsselanhänger, Kaffeetassen und was dir sonst noch einfällt anzubieten. Zahlt sich nicht aus? Kauft ja keiner? Blödsinn. Du brauchst dich für das Anschaffen deiner Produkte ja nicht gleich in Schulden zu stürzen. Sie sind allesamt sogar steuerlich absetzbar, aber dazu später im Buch mehr. Fang mit kleinen Auflagen an, sammle Erfahrung und baue dein Sortiment dann aus, wenn es wirtschaftlich Sinn macht.

Der Vertrieb deiner Produkte sollte aber natürlich nicht nur analog stattfinden. Nutze die digitalen Medien. Seit einiger Zeit wird der größte finanzielle Anteil des Vertriebsumsatzes der Musikindustrie durch Streaming umgesetzt. Auf diesen Zug kannst auch du jederzeit aufspringen. Und wenn du auch hier das Gefühl haben solltest, dass dabei nicht so viel rausspringt, wie du es gerne hättest, dann denk dir einfach: Nun ja, immerhin ist Gleichzeitigkeit gegeben. Der Verdienst durch Streaming ist einfach ein Zusatzverdienst, ohne zusätzliche Arbeitsleistung deinerseits. Ist doch was.

Eine weitere Form des Vertriebes deiner eigenen Musik ist natürlich auch das Spielen der eigenen Songs auf Konzerten. Das ist bei vielen Musikern naturgemäß sowieso der Fall. Achte dabei darauf, dass deine Songs ordnungsgemäß bei den entsprechenden Verwertungsgesellschaften angemeldet sind. Dadurch erhältst du nämlich nicht nur die Konzertgagen oder die Eintrittsgelder, sondern auch noch die Tantiemen am Urheberrecht der eigenen Songs.

Wie das genau funktioniert, kannst du in meinem Buch **Songwriting Cashflow – Sieben Schritte, um mit deinen Songs richtig Kohle zu scheffeln** nachlesen. In diesem Buch gehe ich sehr weit ins Detail darüber, wie du mit deinen Songs richtig effizient wirtschaften kannst. Wenn du es korrekt angehst, hast du damit erneut eine Möglichkeit geschaffen, gleichzeitige Einnahmen durch unterschiedliche Quellen zu erzielen.

Lass dich bloß nicht irritieren. Manchmal kommt man sich als Musiker ein bisschen vor wie ein Pfennigfuchser. Oft sind es nicht wenige Großbeträge, die du verdienst, sondern viele Kleinbeträge. Wie MJ DeMarco aber in seinem Buch The Millionaire Fastlane beschreibt, führen wiederholte kleine Erfolge unweigerlich zu einem großen Gesamterfolg. Die vorher angesprochenen Konzert-Verdienst-Tabellen sind dafür ein leuchtendes Beispiel. Was ist schon ein Konzert, das 100 Euro einbringt? Im Grunde nichts, wovon man leben könnte. Was sind allerdings 300 Konzerte, die 100 Euro einbringen? Immerhin 30.000 Euro und damit in unseren Breiten ein solides Leben, in dem es dir an nichts fehlen muss.

Halte Augen und Ohren offen und sei kreativ

Bei der Erschaffung von mehreren Einnahmequellen durch musiknahe Tätigkeiten ist es besonders wichtig, kreativ zu sein. Denn obgleich der Vertrieb deiner Produkte mit Sicherheit nicht die genialste aller Ideen ist, kommst du vielleicht auf weitere Möglichkeiten Geld zu verdienen, die auf den ersten Blick nicht so offensichtlich erscheinen. Wichtig ist mit Sicherheit, dass du deine Augen und Ohren offenhältst und bereit bist, das eine oder andere auszuprobieren.

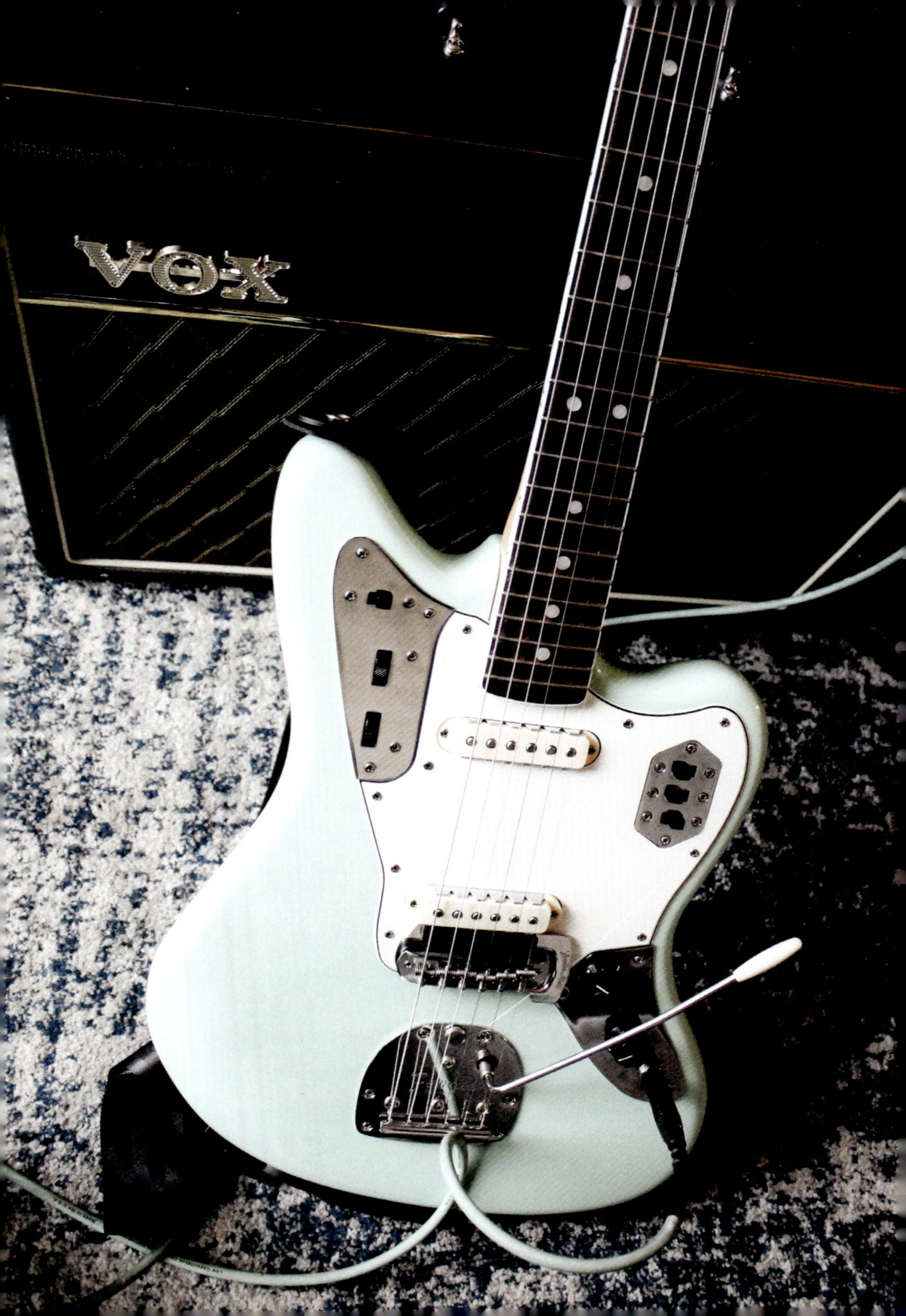
VOX

Während meiner Studienzeit unterrichtete ich privat einige junge Gitarristen, um mir Teile meines Studiums zu finanzieren. Eines Tages sagte ein Unterrichtsinteressent am Telefon zu mir: „Ich würde gerne Gitarrestunden nehmen, aber ich kann mir leider noch keine Gitarre leisten." Ich sagte spontan, dass er eine Gitarre von mir günstig mieten könne, und er freute sich wie ein kleines Kind. Ich wusste zwar nicht, woher ich ein vermietbares Instrument und einen entsprechenden Vertrag herbekommen würde, aber ich wusste: Das ist die Lösung eines Problems, das meine Kunden haben, daher kann ich damit Geld verdienen. In der ersten gemeinsamen Gitarrestunde vereinbarten wir dann, dass er sich eine meiner eigenen Anfänger-Gitarren für einen geringen monatlichen Betrag ausleihen durfte.

Als ich erkannte, dass das ein weiteres mögliches Geschäftsfeld für mich war, kaufte ich mir prompt drei Gitarre-Starter-Packs. Ich veränderte meine Unterrichtsanzeigen im Internet so, dass ab nun auch „mit Gitarre-Leihservice" draufstand. Bereits wenig später waren alle Gitarre-Sets vermietet. Dadurch hatte ich aber nicht nur den alleinigen Nutzen der Zusatzeinnahmen durch die Vermietung, sondern bekam ab dem Zeitpunkt auch mehr Unterrichtsanfragen als jemals zuvor. Schlichtweg, weil es für einige meiner Schüler offensichtlich leichter vorstellbar war, Gitarre-Stunden zu nehmen, wenn zumindest anfänglich die oft hohen Anschaffungskosten einer Gitarre wegfielen. Auf die gleiche Art und Weise habe ich mal einen meiner Verstärker für eine Europatournee verliehen. Für eine Europatournee, auf der ich selbst einer der beiden Gitarristen war. Der andere Gitarrist konnte aus verschiedensten Gründen seinen eigenen Verstärker nicht für die Tournee verwenden. Et voilà: Einer meiner Verstärker wurde prompt vermietet. Ich hatte als finanzielle Entlohnung meiner Tournee also nicht nur die üblichen Konzertgagen, sondern on top noch die Mieteinnahmen meines Verstärkers. Ich hatte außerdem vereinbart, dass der Gitarrist neue Röhren (das sind E-Gitarren-Verstärker-Verbrauchsteile) für meinen Verstärker kauft und einbaut, damit sein Sound on Tour besser war. Die blieben nach der Tournee gleich in meinem Verstärker, so wie wir das abgemacht hatten.

In beiden Fällen gilt, dass mich diese Tätigkeiten, obwohl sie nicht Einnahmen durch aktives Musizieren waren, sondern Vermietung von Musikequipment, näher an mein ultimatives Ziel gebracht haben. Die vermieteten Gitarren haben es mir leichter ermöglicht, meine Gebühren für meine vier parallelen Musikstudien zu bezahlen, und der vermietete Verstärker hat meine Auftrittsgagen erhöht. Easy peasy lemon squeezy.

Fazit

Du siehst also: Die Einnahmequelle der musiknahen Tätigkeiten klingt nur auf Anhieb so, als ob sie dich von dem entfernt, was du eigentlich willst. In Wirklichkeit können dir diese Tätigkeiten einen unbezahlbaren Dienst erweisen, indem sie dich sogar näher an dein Ziel bringen können, als du anfangs erwartet hättest. Sie können dir nämlich eine besondere Einsicht in ganz bestimmte und gezielte Geschäftsbereiche bieten, von denen du im späteren Verlauf deines Musikerlebens profitieren kannst. Sogar bei meinem kleinen Gitarre-Verleihservice habe ich derart viel über Gitarren, Kauf- und Mietpreise sowie die Kaufgewohnheiten von Musikern gelernt, dass mir dieses Wissen später noch sehr viel gebracht hat. Auch ich war bereits mehrmals in der Lage, das Anmieten von Musikequipment als Leistung selber zu nutzen. Inzwischen war ich aber absoluter Experte, was die Konditionen und einen fairen Preis anging. Mir konnte keiner mehr etwas vormachen, wenn ich derartige Services selber brauchte.

Je nachdem, wie viel Lernpotenzial in einer musiknahen Tätigkeit für dich rausschaut und dich so an dein längerfristiges Ziel heranbringen kann, wäre es sogar legitim, wenig bis gar kein Geld damit zu verdienen. Ach, was solls, ich hätte dem zweiten Gitarristen der Tour meinen Verstärker wohl auch gratis geliehen, wenn er nicht flüssig genug gewesen wäre. Und hey ... Wer will auf einer Europatournee nicht einen zweiten Gitarristen haben, mit dem man Rücken an Rücken Soli spielt und der einen geilen Sound hat? Solltest du also mal gratis arbeiten, kannst du deinen Aufwand dann beruhigt als ein Investment in deine eigene, rosige Zukunft ansehen. Etwa genauso, wie ich das damals als Tonstudioassistent tat.

Und zu guter Letzt ist noch zu sagen, dass eine musiknahe Tätigkeit natürlich auch viel Geld abwerfen kann. Eh klar. Warum denn auch nicht. Als Plattenboss konnte man in den neunziger Jahren schlichtweg Millionen verdienen. Da sich die finanzielle Struktur des globalen Musikbusiness nun aber deutlich verschoben hat, eher weg vom tatsächlichen haptischen Tonträgerverkauf durch Plattenfirmen und mehr in Richtung Live-Konzerte und Streaming, sind es heutzutage nicht mehr die großen Plattenfirmen, sondern eher die großen Konzertveranstalter, die die richtig hohen Gagen absahnen. Schon mal gehört, wie die Konzertgagen von etablierten Künstlern heutzutage aussehen? Details sind nicht nötig, aber Fakt ist, dass viele Künstler heutzutage mehr als 90 Prozent ihrer Einnahmen durch Konzertgagen lukrieren. Das ist zwar schön und gut für die Künstler, ist aber mindestens genau so schön und gut für diejenige Person, die mit ihrer musiknahen Tätigkeit diese Auftritte bucht und damit 20 Prozent der Gage kassiert. Schon mal darüber nachgedacht?

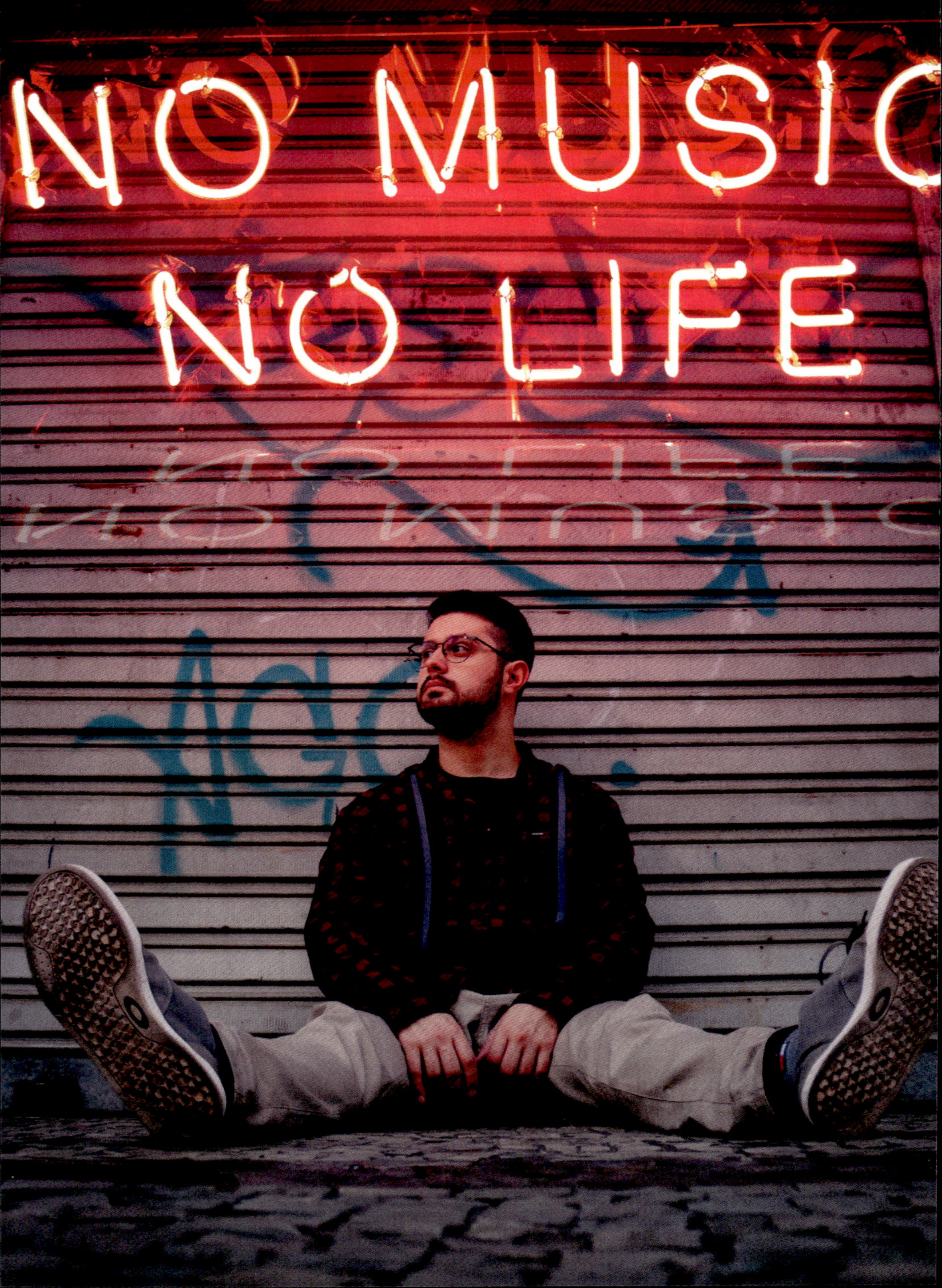
NO MUSIC
NO LIFE

1.3 Einnahmequelle: Musikferne Tätigkeiten

Wir sind immer noch bei der Kunst, Geld zu verdienen. Bevor wir unser Geld als Musiker nämlich managen und ausgeben können, müssen wir es ja erst einmal einnehmen und dafür sollten wir auf jeden Fall alle Möglichkeiten in Betracht ziehen. Musikferne Tätigkeiten wirken für einen Musiker natürlich zuallererst wenig spannend. Es stellt sich nämlich zurecht die Frage: Warum sollte ein Musiker musikferne Tätigkeiten machen, um Geld zu verdienen? Schon Henry Ford hat gesagt: „Ein Geschäft, das nur Geld einbringt, ist ein schlechtes Geschäft." Was zum Geier nutzen musikferne Tätigkeiten einem Musiker also abseits des verdienten Geldes?

Die Antwort ist relativ unspektakulär. Der Nutzen einer Tätigkeit hängt natürlich ganz von der Tätigkeit selbst ab. Ich habe bereits Robert T. Kiyosaki zitiert, der meint, dass ein Job nie des Geldes wegen gemacht werden sollte, sondern in erster Linie lediglich, um etwas dabei zu lernen. Während musiknahe Tätigkeiten dazu beitragen können, bestimmte Insider-Informationen oder ein ganz gezieltes Branchenwissen zu erlangen, können musikferne Tätigkeiten oft ganz andere Dinge lehren: Fähigkeiten, die zwar nicht direkt mit dem Musikbusiness in Verbindung stehen, aber dennoch essentiell sind, um in ebendiesem zu bestehen. Klingt kompliziert. Ist es aber nicht. Aufgepasst:

Nach der Absolvierung des österreichischen Bundesheeres, sah ich einer sehr ungewissen Zukunft entgegen. Ich kannte zu dem Zeitpunkt zwar einige super Musiker, war aber auch bereits des Öfteren damit konfrontiert, dass viele dieser Musiker erhebliche Geldprobleme hatten. Um meine Zeit bis zur endgültigen Entscheidung über mein weiteres Leben zu überbrücken, beschloss ich, für Non-Profit-Organisationen auf den Straßen meiner Heimatstadt Spendenverträge abzuschließen. Es dauerte etwa sechs Monate, bis ich vom absoluten Anfänger in dieser

Branche zum erfolgreichsten Verkäufer von dauerhaften Spendenverträgen meiner Stadt wurde. In diesem Zeitraum verkaufte ich Verträge für Amnesty International, WWF, Care, Greenpeace, Tierschutzvereine und andere Organisationen. Als erfolgreichster Werber Wiens konnte ich alleine in diesem Zeitraum etwa 300.000 Euro an Spendengelder für diese Organisationen erwirtschaften und weil das so war, verdiente ich im Gegensatz zu den meisten anderen Werbern auch richtig gut.

Während ich dieses Geld damals vergnügt in Musikequipment investierte, gab es einen Lohn für meine Arbeit, der noch viel mehr wert war als das monatliche Honorar. Das war mir anfangs nur nicht ganz so bewusst. Es zeigte sich aber im späteren Verlauf, dass das, was ich in diesem Job gelernt hatte, weit wichtiger für meine Musikkarriere war als das Equipment, das ich mir mit dem verdienten Geld kaufte.

In den sechs Monaten, in denen ich beinahe täglich und bei jeder Witterung auf der Straße stand, gab ich alles, um so viele Spendenverträge wie möglich abzuschließen. Was ich aber tatsächlich verkaufte, waren keine Regenwaldflächen, keine Pandabären, keine Hilfspakete für In-Not-Geratene und keine Greenpeace-Aktionsbudgets. Zumindest war es nie so, dass ich den vorbeigehenden Passanten einen Pandabären hätte in die Hand drücken können. Ich konnte ihnen auch keine Urkunde für gekaufte Regenwaldfläche überreichen, nachdem sie ihre Kreditkarte gezückt und zur Spende eingewilligt hatten. Ich hatte außer einer Rechnung nichts, was ich diesen tollen, spendenwilligen Menschen geben konnte. Irgendwann musste ich mich unweigerlich fragen: „Die Menschen bekommen nie etwas Greifbares von mir. Nie ein bestimmtes, nutzbares Produkt. Was zum Geier verkaufe ich denen eigentlich?“

Und dann wurde es mir klar, als wäre mir nicht nur eine Glühbirne aufgegangen, sondern als hätte mich ein ganzes Blitzgewitter erleuchtet: In Wirklichkeit war das, was ich verkaufte, eine Idee. Die Idee von einer idealen Welt. Von einer, in der die Menschheit zusammenhält und die reichen Wirtschaftsnationen den ärmeren unter die Arme greifen. Eine Welt, in der keine Elefanten wegen ihres Elfenbeins sterben müssen, niemand Hunger leidet und allen Menschen Bildung zugänglich ist. Ich verkaufte den Menschen genau das und nicht mehr, und die entsprechenden Organisationen erhielten von ihnen ihr Geld als Geste dafür, dass sie dieses Ideal unterstützten. Schön eigentlich.

Niemals konnte ich den Spendern mehr geben als eim High-Five als Dankeschön. Ach ja, und ein aufrichtiges Lächeln gab es von mir auch noch obendrauf. Es war einfach schön für mich, Menschen zu treffen, die an dieselben Ideale wie ich glaubten. Mehr als das bekamen sie aber nicht. Die Erkenntnis, dass Menschen ihr Geld ausgeben können, ohne etwas Greifbares dafür zu erhalten, war zeitgleich eine der wichtigsten Lehren meines Lebens.

Lass dir das einmal auf der Zunge zergehen. Menschen geben ihr Geld nicht ausschließlich für Waren oder Dienstleistungen aus. Sie geben es oft auch einfach für ein Gefühl aus. Wenn du also derjenige bist, der dieses Gefühl in anderen Menschen erzeugen kann, dann hast du immer etwas, das du verkaufen kannst. Du kannst dir gar nicht vorstellen, wie dieser Gedanke meine Musikkarriere beflügelt hat. Na klar hatte ich CDs, T-Shirts und sogar Kappen, die ich früher auf Konzerten verkauft habe. Ich wusste aber seit meiner Zeit als Straßenwerber, dass ich immer etwas zu bieten hatte, selbst wenn meine T-Shirts alle waren. Solange ich in der Lage war, ein gutes Gefühl zu erzeugen, hatte ich etwas zu verkaufen.

Interessant ist, dass jedes Musikprojekt, das ich seit meiner Zeit als Straßenwerber angegangen bin, gewinnbringend war. Es gab keine Ausnahmen nach dem Ende meiner Werberkarriere. Wenn ich ein Projekt beendete, dann nie, weil ich zu wenig damit verdiente, sondern weil ich Lust auf etwas Neues hatte. Lust auf eine neuerliche

Herausforderung. Und egal wie diese Herausforderung aussah – sie hat mir immer gutes Geld eingespielt. Ich weiß natürlich nicht, wie meine Projekte verlaufen wären, wenn ich dieses Wissen damals auf der Straße nicht erlangt hätte, aber geschadet wird es mir wohl nicht haben. Nimm dir das zu Herzen: Als Musiker hast du immer etwas zu verkaufen. Hätte ich niemals diese musikferne Einnahmequelle der Straßenwerbung ausgeübt, wäre mir wohl eine wichtige Erkenntnis für meine finanziell erfolgreiche Musikkarriere ausgeblieben.

Fehlende Schlüsselqualifikationen

Studien zeigen, dass ausgebildeten Arbeitnehmern im Regelfall nicht das Fachwissen fehlt. Ganz im Gegenteil. Ausbildungen haben in unseren Breiten ein sehr hohes Niveau erreicht. Das Wissen von Absolventen unterschiedlichster Bildungseinrichtungen ist breit, reichhaltig und tiefgehend zugleich, und das ist eine wirklich gute Nachricht. Was Studien aber auch zeigen, ist, dass es Absolventen oft an bestimmten, sogenannten Schlüsselqualifikationen mangelt, was dafür sorgt, dass sie mit ihrem Fachwissen nicht gut umgehen können. Mit Schlüsselqualifikationen sind alle Fähigkeiten gemeint, die abseits des Fachwissens für beruflichen Erfolg sorgen. Die Stellenanzeigen sind voll davon: Höflichkeit, Teamfähigkeit, Pünktlichkeit, Flexibilität und schnelle Auffassungsgabe sind nur ein paar Beispiele, die verdeutlichen sollen, welche Fertigkeiten damit gemeint sind.

Ein Bankmitarbeiter, der unterschiedlichste Zinsstrukturen hervorragend berechnen kann, wird keinen Arbeitserfolg haben, wenn er mit der Finanzierungsabteilung nicht in einem guten Team-Klima zusammenarbeiten kann. Ein spitzenmäßiger Fahrer der öffentlichen Verkehrsbetriebe wird seinen Job ebenfalls nicht lange behalten, wenn er es nicht schafft, pünktlich bei der Arbeit zu erscheinen, um die rechtzeitige Ausfahrt zu bewerkstelligen.

Das sind genau die Fähigkeiten, die oft mehr über beruflichen Erfolg entscheiden als das Fachwissen. Leider wird auf diese Schlüsselfähigkeiten innerhalb der meisten Ausbildungen viel zu wenig Wert gelegt. Ich habe zum Beispiel gleich vier unterschiedliche Musikstudien absolviert und könnte mich nicht daran erinnern, dass wir das Thema Höflichkeit in einer unserer Vorlesungen behandelt hätten. Das ist eigentlich merkwürdig, wenn man bedenkt, dass vermutlich jede einzelne Konzertanfrage beim Veranstalter mit einer richtig dosierten Portion Höflichkeit wohl eher von Erfolg gekrönt sein wird als ohne. Den Veranstalter interessiert es nämlich im Regelfall nicht, was du in deinem Studium gelernt hast. Ob du die Tonleiter Eb-harmonisch Moll spielen kannst oder nicht. Es interessiert ihn aber sehr wohl, ob du dich anständig benimmst und pünktlich zum Gig erscheinst.

Wenn dich eine musikferne Tätigkeit also darin unterstützt, diese Schlüsselfähigkeiten zu erlangen, entfernt sie dich nicht von deinem Traum, ein finanziell erfolgreicher Musiker zu werden. Im Gegenteil. Sie bringt dich dann sogar näher an dein Ziel heran, weil du es danach deutlich einfacher haben wirst in deiner Musikkarriere. Da dir jegliche Möglichkeit offensteht, mit musikfernen Tätigkeiten diese Fähigkeiten zu erlangen, ist auch diese potenzielle Einnahmequelle als eine tolle Möglichkeit in Betracht zu ziehen. Du kannst nicht gut am Telefon verhandeln? Arbeite in einem Callcenter und verkaufe Produkte. Du schaffst es nicht, dich disziplinär an deine Vorhaben zu halten? Melde dich freiwillig zur Bundeswehr. Du bist schnell gestresst? Nimm einen Job als Kellner an und lerne, in der Hochsaison in einem ausgebuchten Lokal viele Dinge auf einmal zu managen und kühlen Kopf zu bewahren.

Musikferne Tätigkeiten können dich also schneller ans Ziel bringen, als du glaubst. Oft sind sie ein direkterer Weg zu deiner Wunschkarriere als erfolgreicher Musiker, als du erwarten würdest. Vorausgesetzt, du weißt immer, was du willst, und bist bereit dafür, das zu tun, was eben erforderlich ist. Klar - ohne das geht sowieso nichts.

Die Geld-Falle

Ach ja, und sollte dennoch mal eine musikferne Tätigkeit winken, bei der du mit wenig Aufwand massiv viel Kohle verdienen kannst, du aber keine neue Schlüsselfertigkeit erlangen kannst, was tust du dann? Na, dann pfeifst du halt auf den Rat von Robert T. Kiyosaki, machst den Job eine Weile nur des Geldes wegen und sahnst ab. Du bist ja kein Moralapostel. Achte nur darauf, dass du nicht auf dieser geldgetriebenen Tätigkeit hängen bleibst. Das ist eine der größten Gefahren, die auf dich als Musiker zukommen werden. Der Gier nach Geld zu erliegen. Deinen Traum vom Musikerleben nur deshalb aufzugeben, weil etwas anderes mehr Geld einbringt.

Leider ist das nicht sehr weit hergeholt. Ich würde sagen, dass es einem Großteil aller Möchtegern-Musiker so geht. Sie stellen sich nicht dem tatsächlichen Problem der Geldnot und kümmern sich auch nicht um eine Verbesserung ihrer Situation. Stattdessen verschließen sie ihre Augen und rennen vor dem Problem davon. Sie arbeiten nicht kontinuierlich an Lösungsansätzen, sondern drehen ihrem Traum stattdessen den Rücken zu. Sie wenden sich aus Geldnot von dem ab, was sie eigentlich wollen, und flüchten sich in etwas, das sie viel weniger wollen. In einen Job, der zwar Geld bringt, aber mit Musik nichts zu tun hat. Es ist auch ganz einfach erklärt, warum das so häufig passiert. Geld ist nämlich vor allem dann interessant, wenn man keines hat, und ob wir es wollen oder nicht, der süßen Versuchung zu widerstehen, ist manchmal selbst für die leidenschaftlichsten Musiker der Welt hin und wieder schwer.

Dieser Sache kannst du vorbeugen, indem du dir mit absolut jeder deiner Tätigkeiten ein bestimmtes Ziel für deine Musikkarriere setzt.

Ganz gleich, aus welcher Einnahmequelle du dein Geld beziehst. Egal ob musikalische, musiknahe oder sogar musikferne Tätigkeit: Vor allem bei musikfernen Tätigkeiten ist es wichtig, dass du dir ein direktes Ziel für deine Musikkarriere setzt, damit du deinen Traum nicht aus den Augen verlierst. Bei einer musikfernen Tätigkeit, bei der es zum Beispiel ausschließlich um die Beschaffung von Geld geht (was übrigens laut unabhängigen Wirtschaftsquellen für 75 Prozent aller Menschen der primäre Grund ist, einer Arbeit nachzugehen), solltest du festlegen, bis zu welchem Zielbetrag du diese Tätigkeit ausführen wirst.

Du könntest zum Beispiel mit deiner Band eine Tournee machen wollen und willst Geld ansparen, um einen Tourbus zu kaufen. Die Gelegenheit, bei einem Job viel Geld zu verdienen, solltest du dann vielleicht nicht verstreichen lassen, sondern ganz genau solange ausführen, bis du dein Ziel erreicht hast. Danach aber schön diszipliniert wieder kündigen und eine geile Tournee mit einem geilen Tourbus hinlegen, gelle? Wenn du das nämlich nicht tust, dann hast du nichts anderes getan, als deine Tournee verkauft, und zwar genau zu dem Preis, den du mit deiner Arbeit verdient hast. Glaube mir: Für einen Herzblutmusiker ist das nur sehr selten ein guter Deal.

Shit happens

Das Leben fühlt sich manchmal an wie eine Achterbahnfahrt auf Steroiden. Manchmal reißen auch einfach alle Stricke, die hätten reißen können. Du weißt schon: Murphys Gesetz. Alles was schief gehen kann, geht auch schief, und zwar zum schlechtestmöglichen Zeitpunkt.

Wenn das passiert, kann es vorkommen, dass du dich sogar gezwungen siehst, deine Musikkarriere für kurze Zeit pausieren zu lassen, um alle deine Schäfchen wieder zusammenzukriegen. Wenn das tatsächlich passiert, kann ich nur sagen: Shit happens. Du bist deshalb nicht weniger Musiker, als du es vorher warst. Du kümmerst dich dann nur mal eben um Geschäfte, um die du dich eben kümmern musst. Hab keine Angst davor.

Ich kann mich noch an eine Zeit erinnern, in der ich dringend Geld gebraucht habe. Es war Winter, meine Therme war im Eimer und ich war blanker als mir lieb war. Ich fühlte mich damals ziemlich mies. Ich lebte in einer WG und mein Mitbewohner und ich ließen zu Hause unsere Daunenjacken und Handschuhe angezogen. Immer wenn wir in der Wohnung miteinander redeten, konnte man den warmen Atemhauch sehen, der unsern Mund verließ. Aus verschiedensten Gründen konnte ich mir damals von niemandem Kohle ausborgen. Es war eine ziemlich üble Angelegenheit, von der ich bis heute nicht glaube, dass sie gesundheitsfördernd war.

Dennoch war ich absolut felsenfest davon überzeugt, dass ich keinen Job annehmen konnte, der nichts mit Musik zu tun hatte. Ich doch nicht. Ich bin Musiker und nicht Kellner. Ich bin Musiker und nicht Verkäufer. Ich bin Musiker und sonst nichts. Es war nicht, dass ich mir für diese Tätigkeiten zu schade gewesen wäre, sondern ich weiß noch, dass ich so etwas wie Angst hatte. Angst davor, meinen Traum nur wegen Geld aufzugeben.

Heute weiß ich, dass das Verfolgen eines Traumes keine Momentaufnahme ist. Auf deinem Weg sind unterschiedlichste Abzweigungen erlaubt, solange du wieder zurück auf den Weg findest, den du eigentlich gehen wolltest. Wichtig ist nicht, ob du Pausen machst oder Umwege nimmst. Wichtig ist, dass du dein Ziel kennst und darauf zusteuerst. Ein waschechter Musiker zu werden hat nichts mit einem Sprint zu tun, sondern eher mit einem Dauerlauf. Oder eben mit einem Spaziergang. Wie du es sehen möchtest. Angst zu haben braucht man aber bei keiner neuen Abzweigung, auch wenn die auf den ersten Blick nicht zum Ziel führt. Es führen eben viele Wege nach Rom.

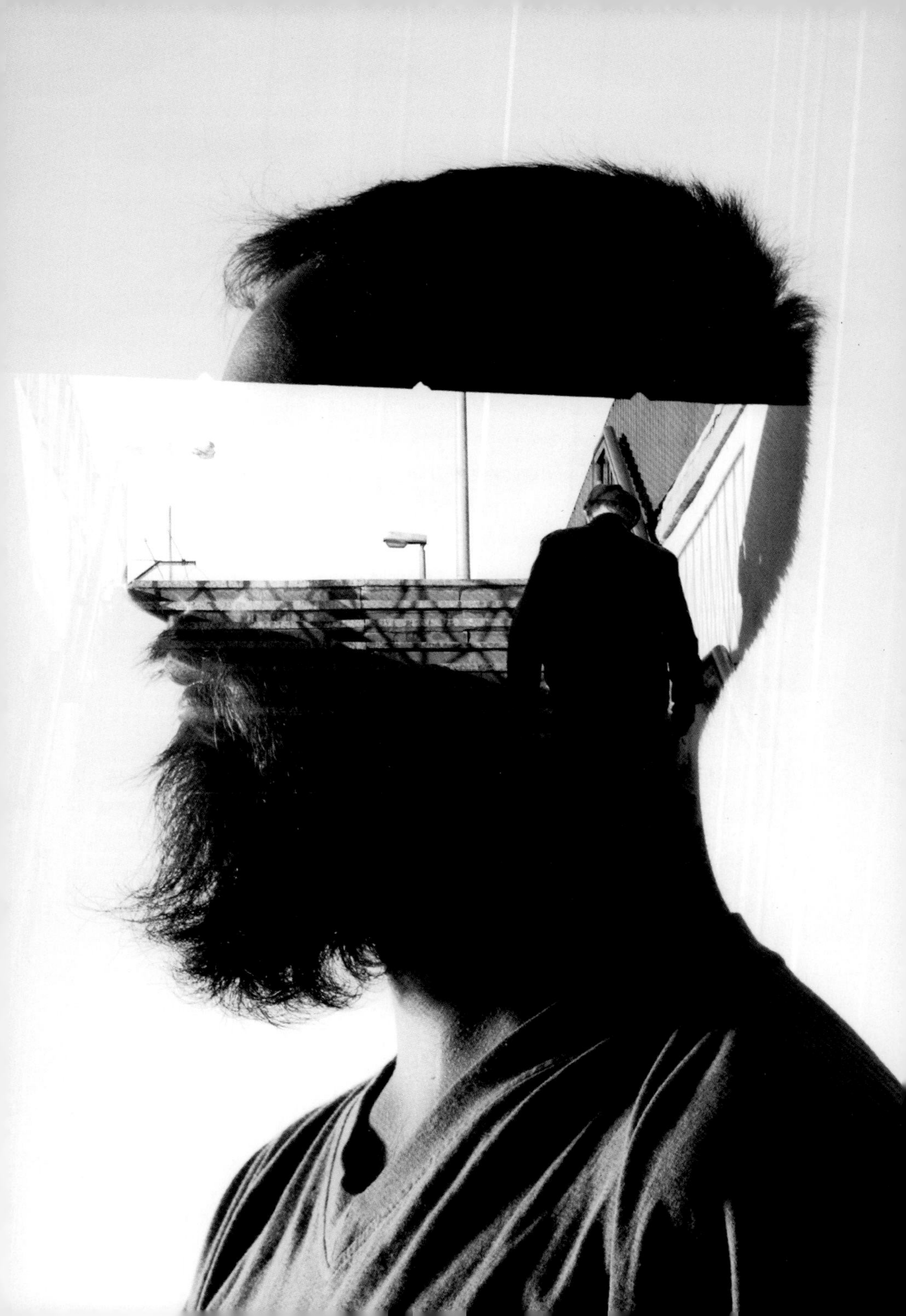

Du solltest daher auch keine Angst haben, wenn du derartige musikferne Tätigkeiten vorübergehend aus berechtigten Beweggründen ausführst. Im Gegenteil. Wenn es in deinem Leben vorkommt, dass du gezwungen bist, musikferne Tätigkeiten auszuüben, ist die Welt noch nicht untergegangen. Ganz und gar nicht. Solltest du das so sehen, würde ich dir empfehlen, deine Sichtweise zu verändern. Sieh diese Tätigkeit als die Kosten dafür, dass du es dir ermöglichst, zu einer anderen Zeit wieder Musiker zu sein. Wegzurennen ist im Leben jedenfalls keine Option. Wie John „Jocko" Willink, Ex-Navy-Seal Commander, immer predigt: Step aggressively towards your fear.

Tritt deiner Angst entschieden entgegen. Nur dann wirst du sie nämlich ablegen können. Und ich würde noch ergänzen: Wer nicht bereit ist zu tun, was erforderlich ist, ist ebenfalls nicht bereit zu erhalten, was es dafür zu erhalten gäbe. Und weil das so ist, haben von Zeit zu Zeit auch musikferne Tätigkeiten im Leben eines Musikers Platz.

Safety first

Eines der am meisten zitierten Argumente, warum eine selbständige Beschäftigung als Musiker riskant ist, ist, dass Selbständige grundsätzlich nicht gut versichert sind. Sie erhalten kein Geld, wenn sie nicht arbeiten, sind kaum krankenversichert und die insgesamte soziale Sicherheit ist schlichtweg nicht gegeben. Wenn es dann mal soweit kommt, dass der Musikschaffende krank wird, ist bereits ein riesiges Problem an der Tagesordnung. Dieses Gerücht hält sich wirklich hartnäckig. Tja, dieses Gerücht entspricht allerdings nicht ganz der Wahrheit.

Die Wahrheit sieht nämlich so aus, dass viele selbständige Künstler die vorhandenen Möglichkeiten zur Absicherung der Lebensumstände schlichtweg nicht nutzen. Da es nicht im Interesse des Staates ist, dass Künstler in soziale Notlagen geraten, gibt es für Künstler abschließbare Versicherungen, die gegen ebendiese ungünstigen Umstände absichern sollen. Diese Versicherungen sind staatlich gefördert und kommen sehr nahe an jene Versicherungen ran, wie ein üblicher Angestellter sie hat.

In Deutschland gibt es dafür beispielsweise die Künstlersozialkasse (KSK) und in Österreich den Künstlersozialversicherungsfonds. In der Schweiz gibt es keine dezidierte Künstlersozialversicherung, weil das insgesamte Sozialversicherungswesen dort etwas anders aufgebaut ist und Selbständige (auch Künstler) dort als gemeinsame Gruppe erfasst werden.

Grundsätzlich gilt, dass bei diesen Versicherungen gewisse Voraussetzungen erfüllt werden müssen, das ist aber nur verständlich. Letztlich muss sichergestellt werden können, dass die Versicherungsgelder auch nur tatsächlich praktizierenden Künstlern in Notlagen zufließen und nicht irgendwelchen schrägen Trittbrettfahrern.

Solltest du also eine Vollzeit-Musikkarriere anstreben, zahlt es sich mit Sicherheit aus, mehr in diese Richtung zu recherchieren. Ein guter Freund von mir, der einen hohen Posten in der Versicherungsbranche hat, hat einmal zu mir gesagt: „Emi, das mit Versicherungen ist so eine Sache. Keiner möchte gerne irgendwelche Versicherungsbeiträge bezahlen. Solange, bis etwas passiert. Dann ist es allerdings zu spät.“ Keinerlei Versicherungen in seinem Leben abzuschließen ist aus meiner Sicht vergleichbar fahrlässig wie mit verbundenen Augen, ohne Gurt und Airbag auf der Autobahn mit dem Auto zu fahren. Weder du noch ich kann jemals hervorsagen, was die Zukunft bringt. Weil wir das nicht können, macht es Sinn, sich zu überlegen, wie wir uns vor potenziell aufkeimenden Problemen schützen können. Natürlich können wir uns nicht gegen alles und jeden schützen, aber das ist auch nicht der Zweck von Versicherungen. Es geht eher darum, diejenigen Sachlagen zu versichern, bei denen ein hohes Risiko besteht. Hier zählen Krankheit, Unfall, Arbeitslosigkeit und dergleichen natürlich eindeutig dazu.

Ich würde sagen, wir haben nun genug schwarzgemalt. Wieder zu positiven Gedanken zurückkehrend gilt abschließend zu erwähnen, dass wir von Versicherungen ja nur Gebrauch machen müssen, wenn die Dinge schlechter laufen, als wir das erwarten. Wenn die Dinge aber positiv verlaufen, dann verdienen Musiker Geld und genau diese Einnahmen gehören mit gebührendem Respekt behandelt.

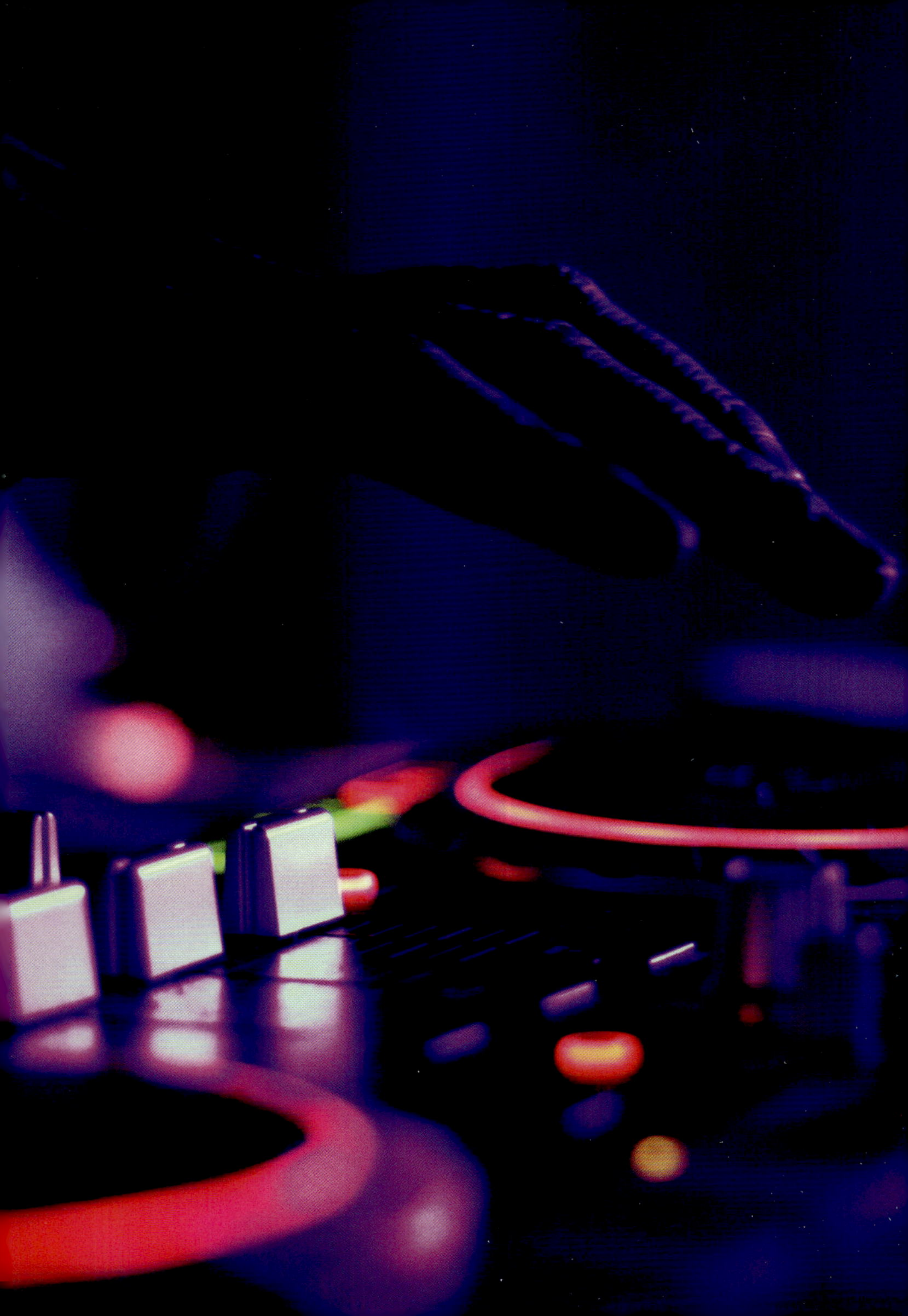

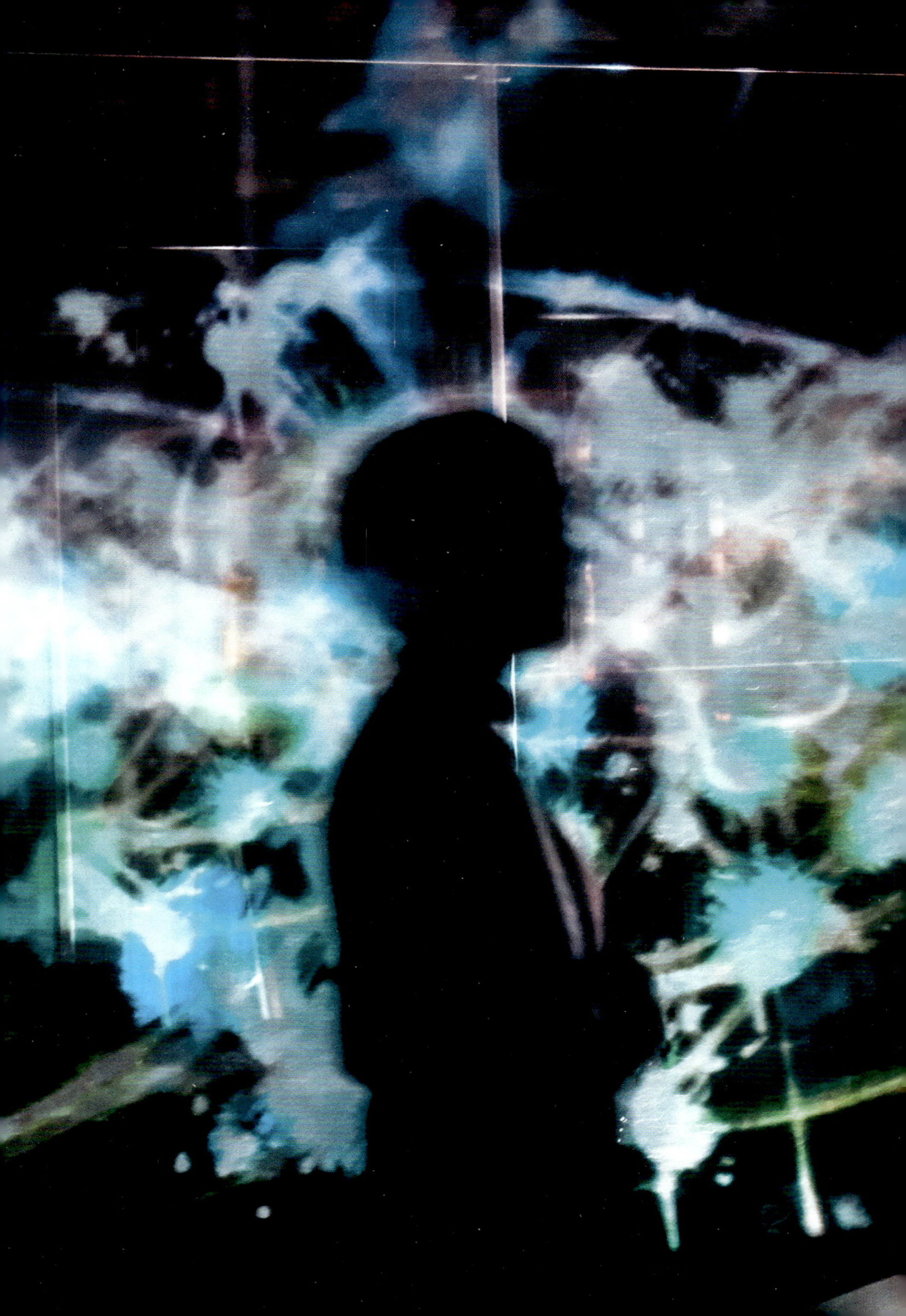

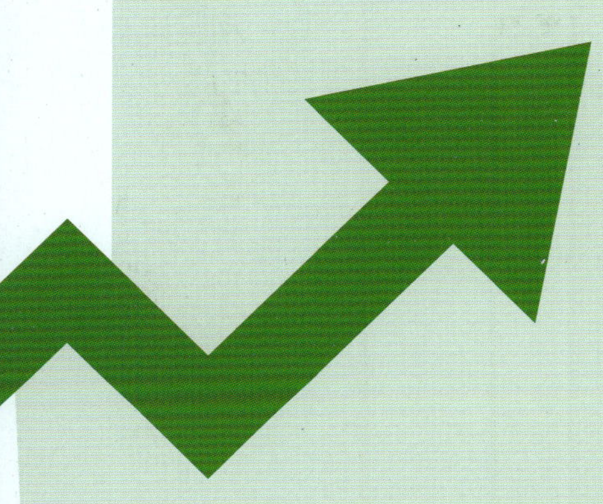

Lass uns zusammenfassen, worauf Musiker beim Geld verdienen achten sollten

1. Sei offen für alle Einnahmequellen. Je mehr Möglichkeiten du hast, desto besser stehen die Chancen für finanziellen Erfolg.

2. Achte auf Gleichzeitigkeit in deinen unterschiedlichen Einkommensströmen. Vergiss nicht: Du willst nicht mehr arbeiten, sondern mehr verdienen.

3. Gehe keine unnötigen Risiken ein und sei bereit zu tun, was erforderlich ist. Wer bloß labert, wird vielleicht ein guter Redner, aber kein guter Musiker.

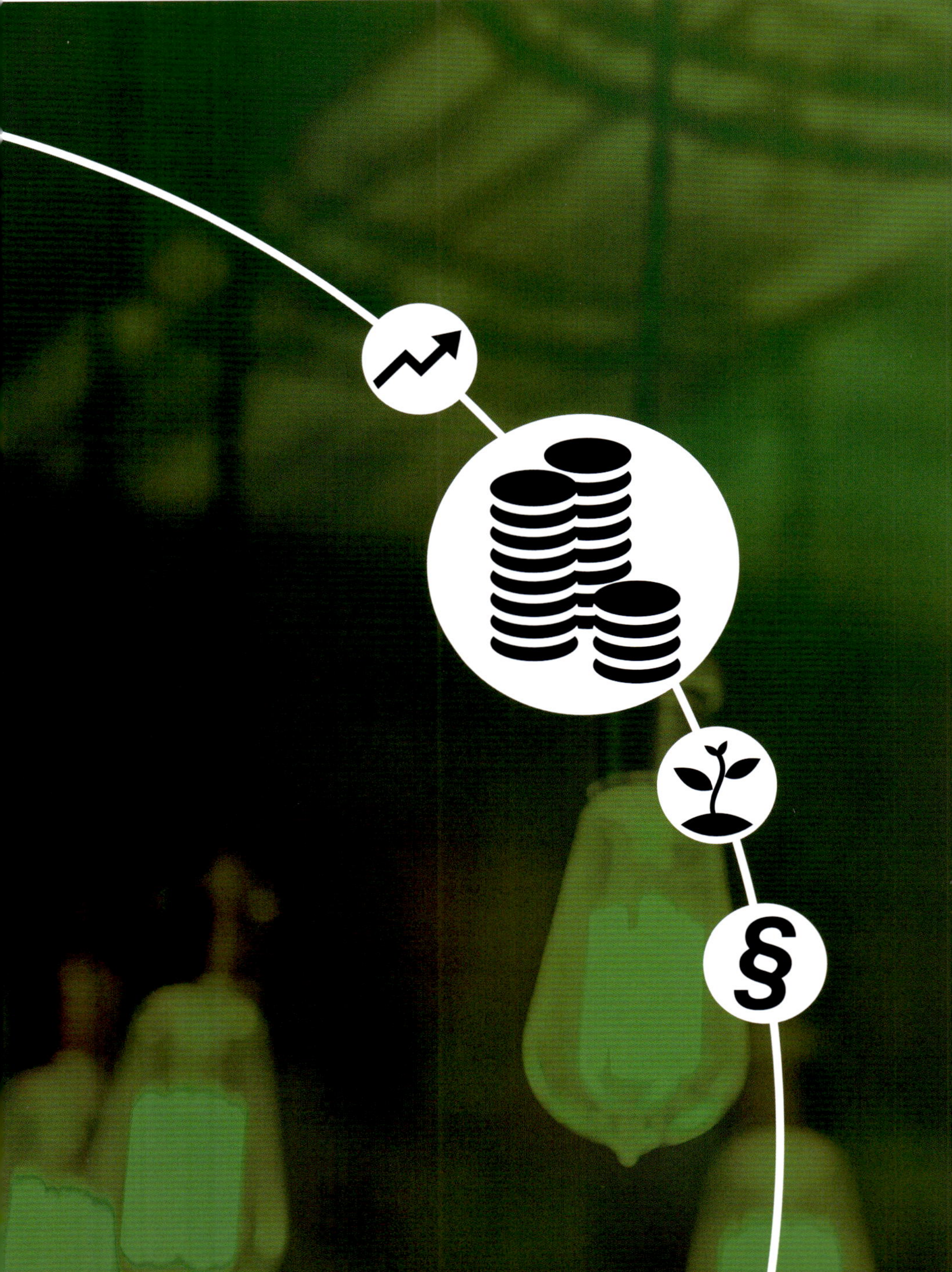

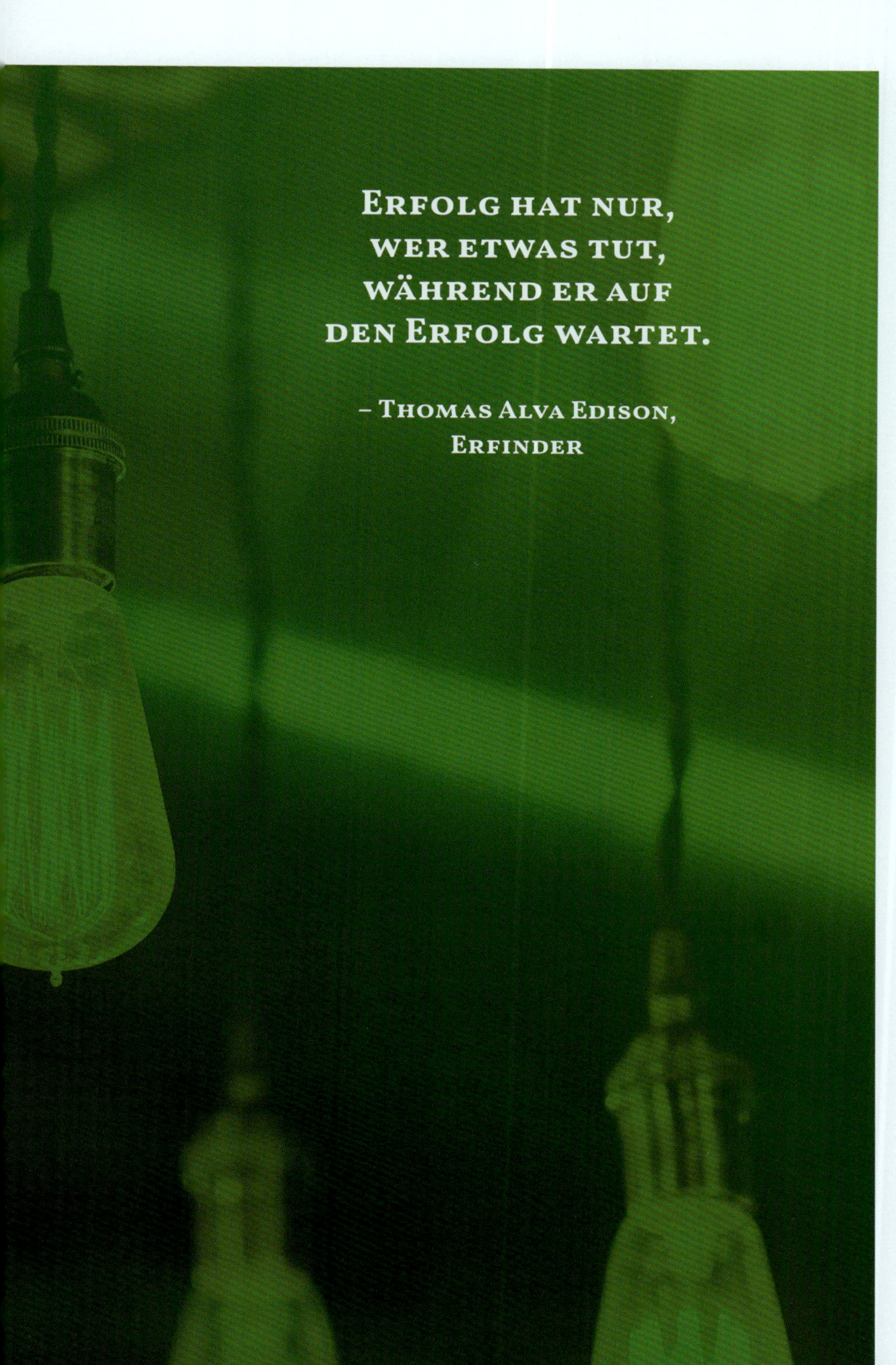
Erfolg hat nur,
wer etwas tut,
während er auf
den Erfolg wartet.
– Thomas Alva Edison,
Erfinder

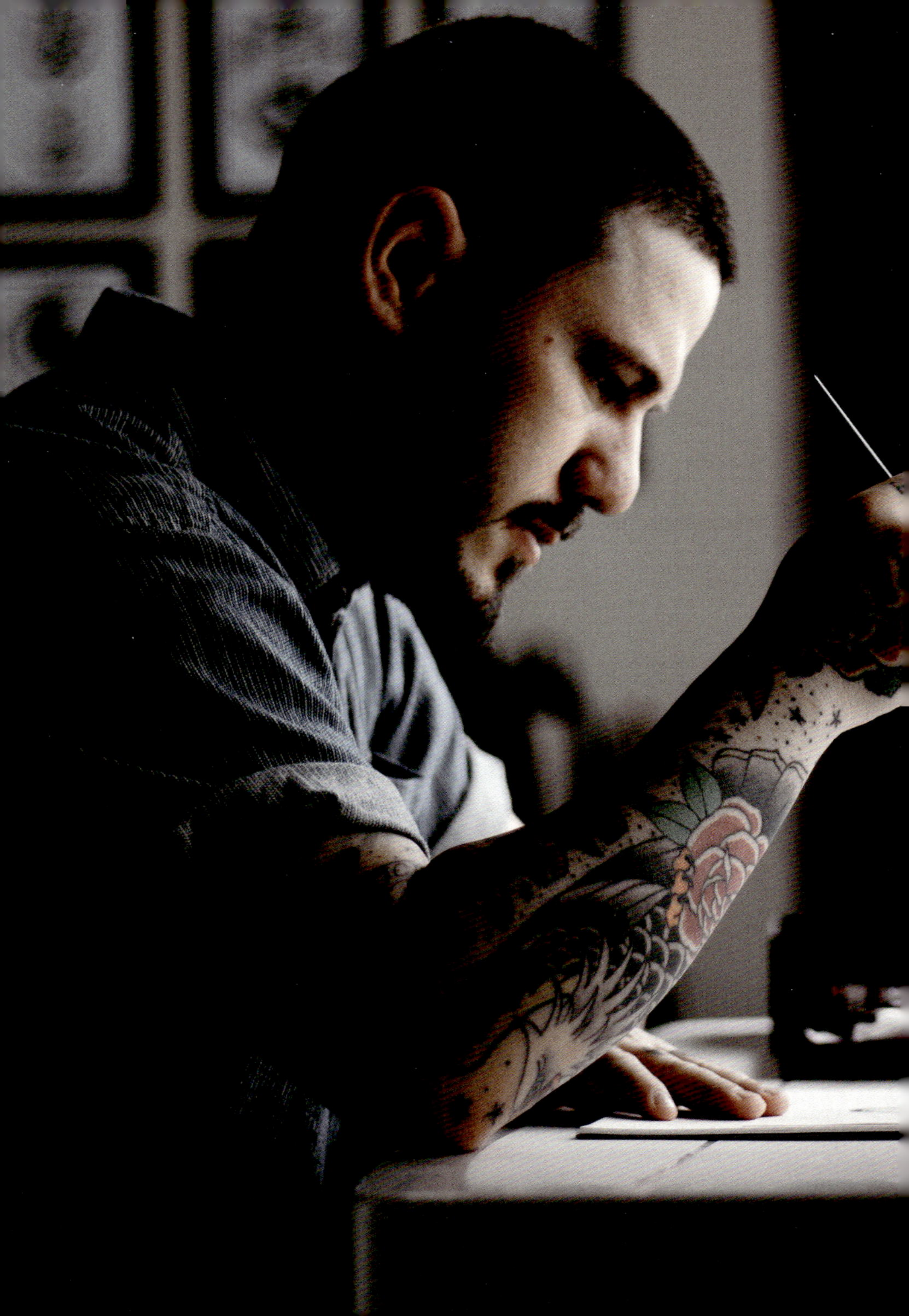

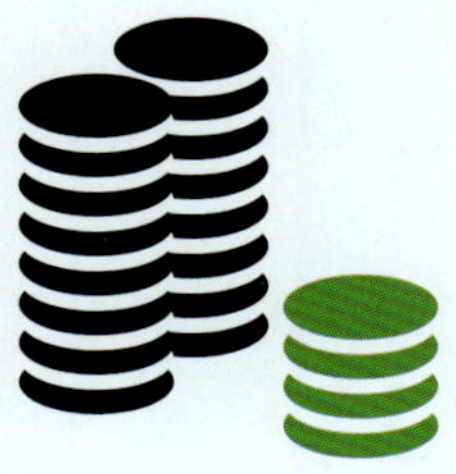

2 Die Kunst, Geld zu managen

Obwohl der Begriff des „Geldmanagens“ extrem unsexy wirkt, ist es das gar nicht. Oder sagen wir vielleicht anders: Es ist deutlich schöner, wenn du dir Gedanken darüber machst, wie du sinnvoll mit deinem Geld umgehst, als jeden Cent mehrfach umdrehen zu müssen, weil dir die Kohle schlichtweg fehlt.

Du weißt ja bereits, dass sich im Leben nicht alles um Geld dreht, außer wenn man keines hat, wie Kanye West so treffend zitiert hat. Wir wollen also unbedingt vermeiden, dass wir Musiker kein Geld haben und der beste Weg, dafür zu sorgen, ist, es gar nicht erst soweit kommen zu lassen. Nachdem du also soeben gelernt hast, wie du als Musiker mit mehreren Einnahmequellen Geld verdienen kannst, folgt als logische Weiterführung des Prozesses: Achte auf dein Geld, werde sein bester Freund und beschütze es.

Sorge bloß nicht dafür, dass es dir unbedacht durch die Finger rinnt, wie der großen Menge der heutzutage verschuldeten Bevölkerung. Oft liegt das Problem nämlich nicht im Geldverdienen, sondern in den Ausgabegewohnheiten des verdienten Geldes. Die Konsumsucht ist beispielsweise eine moderne und ernstzunehmende Krankheit, für die noch nicht viele Heilmittel bekannt sind. Bevor es aber darum geht, worauf du als Musiker beim Ausgeben deines Geldes achten musst, gibt es tatsächlich noch eine Zwischenphase, die dein Geld durchlaufen muss: die Besitzphase.

Das ist die Phase, in der das Geld nicht kommt, nicht geht, sondern schlichtweg nur dir gehört. Genau hier gibt es viele Dinge, die du beachten kannst, und deshalb setzen wir genau hier an. Das Wichtigste in dieser Phase ist nämlich, ein Bewusstsein dafür zu entwickeln, was es bedeutet, finanziell intelligent zu handeln.

Jegliche Form von Intelligenz, auch finanzielle Intelligenz, stützt sich nämlich zuallererst auf fundamentale Gegebenheiten. Auf ihnen baut alles auf. Eine der wichtigsten Gegebenheiten ist, dass du nur das kontrollieren kannst, dessen du dir bewusst bist. Du musst daher in die Lage kommen, genau zu wissen, über welche finanziellen Ressourcen du verfügst, wo sie gelagert sind, wie und ob sie für dich arbeiten und wieviel dir davon regelmäßig zufließt bzw. abfließt.

Es ist wie auf deinem Instrument. Nur wenn du es genau kennst, weißt, wie sich die Tasten und Saiten anfühlen, was welche Schalter und Drehknöpfe genau bewirken, kannst du erst deinen Umgang damit perfektionieren. Ein ganz wesentlicher Punkt im Umgang mit deinen finanziellen Mitteln ist dabei auch die Steuer. Du brauchst dir im Moment aber keine Sorgen machen, falls du dich auf diesem Gebiet noch nicht fit fühlst. Auch die Steuer ist nämlich keine Raketenwissenschaft. Viele Möglichkeiten der privaten Finanzwirtschaft sind Musikern zwar häufig unbekannt, aber genau das versuchen wir ja im Moment für dich als Musiker zu verändern.

Das Wichtigste zuerst

Kümmere dich um das Geld, das du dir als Musiker vermutlich hart erwirtschaftet hast. Keine Widerrede! Führe Listen darüber, wie viel du verdienst, wie viel du besitzt und wie viel du ausgibst, um sowohl dein Künstlerleben als auch dein Privatleben zu finanzieren.

Tue es. Heb deine Rechnungen auf, sammle sie in irgendeiner alten Schuhschachtel und führe Buch darüber. Der erste Schlüssel zum Verständnis einer Sache ist immer ein Bewusstsein darüber. Wie um alles in der Welt willst du jemals etwas verändern, wenn du dir nicht bewusst darüber bist. Das ist schlichtweg unmöglich.

Solange du dich dieser Herausforderung also nicht stellst, brauchst du erst gar nicht erwarten, dass sich die Dinge so mir nichts dir nichts zum Guten wenden werden. Der magische fliegende Teppich, der dich als Musiker ins Land des Erfolges und des Geldes führt, existiert nicht. Das macht aber auch nichts. Es ist nämlich möglich, das Land des Erfolges und des Geldes auch ohne fliegenden Teppich zu erreichen. Der erste Schritt auf diesem Weg in das gelobte Land sieht nun mal genauso aus wie bei jeder erfolgreichen Reise: Ziele setzen, strukturieren, planen und bedingungslos durchziehen. Einen Schritt nach dem anderen, auch dann, wenn nicht jeder einzelne Schritt des Weges Spaß macht.

Wenn du jetzt immer noch skeptisch bist, können wir uns auch gerne auf folgenden Deal einigen: Du machst das zwei Jahre lang. Zwei Jahre lang gibst du alles, um akribisch aufzuschreiben, was du wann, wo, wie einnimmst und ausgibst. Solltest du das nicht alleine schaffen, dann hol dir Hilfe dazu. Selbst wenn diese Hilfe mit Kosten verbunden ist. Ich bin absolut überzeugt, dass dein Wissenszuwachs über deine eigene finanzielle Situation bei weitem einen höheren Wert hat als das Geld, das du für eine Unterstützung in diesem Bereich ausgeben würdest.

Wenn du nach den zwei Jahren der Meinung bist, dass diese Initiative tatsächlich nichts gebracht hat, dann machst du es einfach guten Gewissens nie wieder. Wie klingt das für dich? Das wäre doch mehr als fair. Nein, nicht mir gegenüber, sondern dir gegenüber. Es ist nämlich unfair, dass du dir nicht die Möglichkeit gibst, einen Überblick über deine Finanzen zu haben. Du nimmst dir damit jegliche Chance, deinen Geldfluss bewusst zu steuern, umzuleiten oder umzugestalten. Du nimmst dir diese Chance, weil du vermutlich keine Übersicht hast.

Dein Geld ist tatsächlich wie ein vielverzweigter Fluss, das habe ich bereits angesprochen. Es bewegt sich in hunderten Flussarmen, hunderten Kanälen, es gibt manchmal Stromengen oder sogar Ebbe und Flut. Es kommt und geht. Das ist nicht schlecht, im Gegenteil. Genau so wurde es konzipiert. Geld an sich hat keinen Wert. Der intrinsische Wert des Geldes wäre nur der Papierwert, auf dem es gedruckt ist. Mehr ist es nicht. Geld kann aber Wert schaffen, und zwar immer dann, wenn es gegen etwas eingetauscht wird, das von Wert ist. Der Wert entsteht also durch die Bewegung. Durch genau dieses Kommen und Gehen.

In genau dieser Feststellung liegt sowohl das große Potenzial der folgenden Kapitel als auch das große Potential der Steuererklärung, auf die ich im Detail noch eingehen werde. Sie versetzt dich nämlich in die Lage, ganz genau zu sehen, zu erklären und zu begründen, was du mit deinem Geld anstellst. Für welche tatsächlichen Werte du dein als Musiker oft hart verdientes und an sich wertloses Geld wieder eintauscht. Doch zuvor brauchst du die angesprochene Übersicht.

2.1 Behalte die Übersicht

Zuallererst würde ich unbedingt empfehlen, dass du beginnst, dir entsprechende Konten bei der Bank einzurichten. Es reicht vorerst, wenn du ein einfaches Girokonto hast, auf dem deine Einnahmen eintrudeln können. Du wirst es nicht für möglich halten, aber ich habe bereits Musiker kennengelernt, die nicht mal das hatten! Unfassbar, in welcher Welt manche leben.

Ich möchte natürlich nicht gleich zu offensiv vorgehen, aber solltest zufälligerweise genau du so jemand sein, der noch kein Girokonto besitzt, dann ist dieses Buch für dich vorerst genau hier zu Ende. **JETZT. Schluss.**

Was du stattdessen tust, ist: Du legst das Buch zur Seite, gehst nochmal schön aufs WC pissen, ziehst dich an und gehst schnurstracks zur nächsten Bankfiliale um die Ecke und eröffnest dir ein brandneues Girokonto. Lass dich von den Kosten dafür nicht beeindrucken und versuche nicht mal ansatzweise im Internet zu recherchieren, welches der Konten bei welcher Bank um ein paar Cent billiger angeboten wird. Preise zu vergleichen ist natürlich eine super Idee an sich, aber alleroberste Priorität hat jetzt, dass du ein Konto besitzt und nicht welches. Das mit dem Kontowechsel zu einer anderen, günstigeren Bank kannst du dir für später aufheben. Dieser Vergleich lohnt sich ohnehin erst, wenn dein eigenes finanzielles Wissen ein stärkeres Fundament hat und du damit mehrere Faktoren berücksichtigen kannst wie z. B. laufende Kontokosten, Per-anno-Zinsen, Kontokorrent-Konditionen, zusätzliche Boni zum Konto wie Depotvergünstigungen etc. Wie gesagt, das ist jetzt alles aber nicht so wichtig. Wichtiger ist, dass du ein Konto besitzt. Auf zur Bank, dann kannst du weiterlesen. Ach ja und bevor ich es vergesse: Wenn du schon mal bei der Bank bist, dann richte dir auch gleich ein Sparkonto ein. Eines, das ebenfalls möglichst wenig kostet und auf das du überschüssiges Geld ansparen kannst.

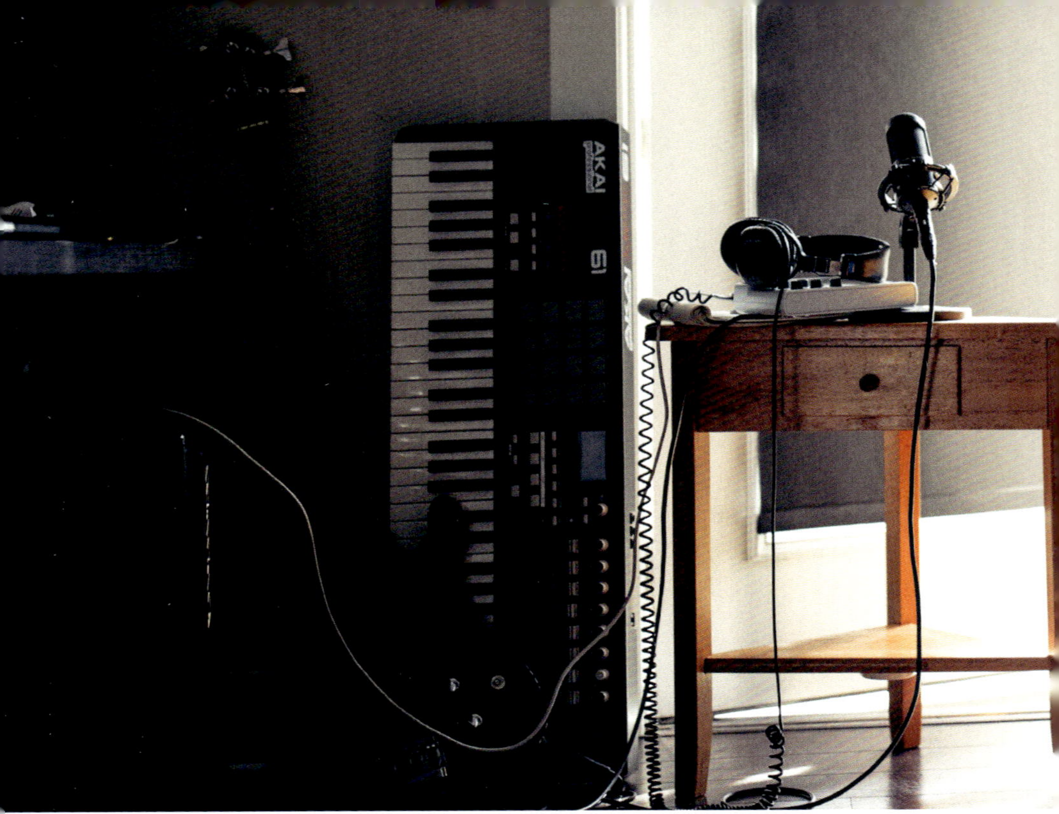

Das wirst du nämlich ab jetzt tun.

Wenn du diese beiden Konten hast und Protokoll über deine Einnahmen und Ausgaben führst, steuerst du langsam mit deinem musikalischen Segelboot in diejenigen Gewässer, die dir einen klaren Überblick ermöglichen können. Anfangs war es übrigens auch für mich nicht leicht, einen Überblick zu bewahren und ein Bewusstsein dafür zu entwickeln, was ich mit meinem Geld tatsächlich mache. Da ich aber bereit dazu war, Hilfe anzunehmen, habe ich recht schnell gelernt, worauf ich dabei achten muss und wie gesagt: Es ist ja nicht übermäßig kompliziert. Es ist oftmals lediglich etwas Fremdartiges für viele Musiker.

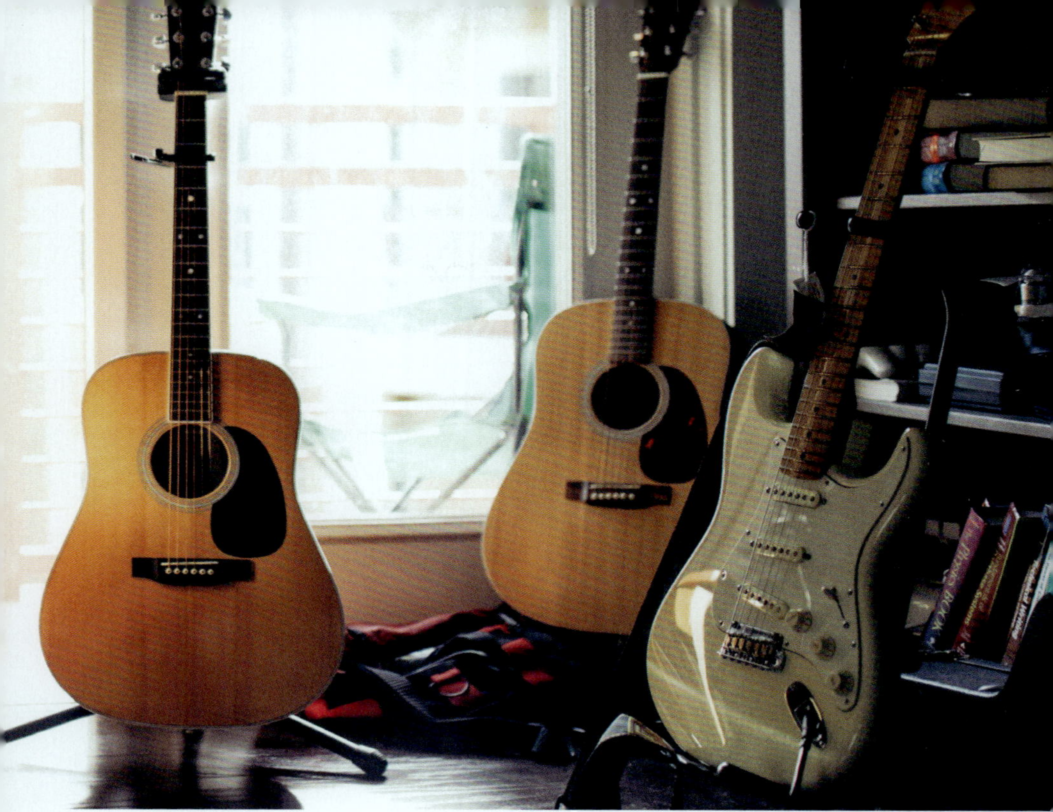

2.2 Erweitere deine Möglichkeiten

Du solltest im Umgang mit Geld vorrangig versuchen, dein Möglichkeitsspektrum zu erweitern. Das machst du, indem du nicht nur dein Girokonto nutzt, sondern auch dein Sparkonto befüllst. Wie das gehen soll? Ganz einfach. Du sparst ab jetzt 20 Prozent von jedem eingenommenen Euro. Mir ist übrigens komplett schnurzpiepegal, ob du glaubst, dass du überschüssiges Geld zum Sparen hast oder nicht. Mich interessiert weder, ob du Schulden hast, noch wie viel du verdienst noch wie hoch deine derzeitigen Fixkosten sind. Ab jetzt legst du 20 Prozent deines Geldes zur Seite. Ende der Geschichte.

Vielleicht fragst du dich jetzt, wie ich auf die Idee komme, dass sich das bei dir ausgehen soll. Der Punkt ist: Das ist die komplett falsche Fragestellung. Viel interessanter als dieser Gedanke ist nämlich eine Überlegung, die ich vom amerikanischen Erfolgsguru Tony Robbins gelernt habe. Der präsentierte in einem seiner Vorträge das Konzept der „Wohlstandssteuer". Das ist eine fiktive Steuer, die uns beim Sparen helfen soll. Das Konzept funktioniert so:
Stell dir vor, der Staat würde morgen eine neue Steuerreform beschließen. Zentraler Kern dieser Reform wäre die Einführung einer zusätzlichen „Wohlstandssteuer" und die wäre exakt 20 Prozent. Was würdest du als Bürger dann ab morgen tun, um dein Leben zu finanzieren? Du hättest keine Wahl und müsstest schlichtweg 20 Prozent mehr für den Staat berappen, und weißt du was? Du würdest einen Weg finden, weil du keine andere Wahl hättest. Du würdest also deine Fixkosten reduzieren, einen Nebenjob annehmen, oder eine andere kreative Lösung finden. Schlichtweg, weil du es müsstest. Irgendeinen Weg gäbe es, und da du mit Einführung dieser Steuer keinen Bock hättest, ab nun unter der Brücke zu pennen, würdest du eben einen verdammten Weg finden, nicht wahr? Jetzt stellt sich also die tatsächlich relevante Frage: „Warum zum Geier würdest du es schaffen, dem Staat 20 Prozent mehr zu zahlen, aber nicht dir selbst?" Eben.

Wenn es dir also wichtig ist, ein finanziell erfülltes Leben als Musiker zu führen, dann findest du einen Weg. Damit du mich nicht für behämmert und ignorant hältst, sollte ich vielleicht erwähnen, dass ich auch zu sparen begonnen habe, als ich selbst noch Schulden hatte. Meine Schulden konnte ich dadurch zwar länger nicht zurückzahlen, als mir lieb war, aber ich konnte mir dadurch zeitgleich sowohl Disziplin beim Sparen als auch einen ersten finanziellen Polster erarbeiten.

Außerdem sparst du dein Geld nicht des Sparens wegen, sondern lediglich, um deine Möglichkeiten im Umgang mit Geld zu erweitern. Mehrere Ressourcen zur Verfügung zu haben ist nämlich immer von Vorteil – ganz gleich, was du im Endeffekt damit tust. Der entscheidende Faktor liegt darin, dass du plötzlich die Wahl hast und nicht mehr nur das tust, was du unbedingt tun musst. Weil das so wichtig ist, habe ich ja über den Umgang mit den fünf wesentlichsten Ressourcen für Musiker immerhin ein eigenes Buch geschrieben.

Sich einen Überblick zu verschaffen und seine Möglichkeiten zu erweitern, ist also der erste Schritt. Achte dabei darauf, dass du zu jeder Zeit Zugang zu deinen Übersichten hast. Heutzutage gibt es dazu viele Möglichkeiten mit Apps auf dem Handy, mit E-Banking und vielem mehr. Lass bloß nicht zu, dass du die Kontrolle über deinen Kontostand verlierst, denn sonst verlierst du auch die Kontrolle über dein finanzielles Bewusstsein.

Ich beispielsweise weiß jederzeit, auf welchem Konto ich wie viel Geld liegen habe, wann kommende Zahlungen fällig werden, wann ich die nächsten Einnahmen generieren werde und wo ich dieses Geld umschichten werde, damit ich sowohl die bestmögliche Übersicht behalten als auch am effizientesten mit der Ressource Geld umgehen kann. Ein derartiges Bewusstsein solltest du dir auch erarbeiten.

Ich möchte an dieser Stelle unbedingt dazusagen, dass es dabei nicht darum geht, dass du ein geldbesessener Freak wirst. Im Gegenteil. Ziel all dieser Strukturierungen ist lediglich, eine finanzielle Basis zu schaffen, damit du deinen Traum leben kannst. Den Traum eines finanziell erfolgreichen Musikers. Der Umgang mit Geld ist also lediglich ein Mittel zum Zweck.

Wichtig ist, dass du dann aber begreifst, dass es absolut relevant ist, was du genau mit deinem Geld machst, sodass es sinnvoll für dich arbeiten kann. Dazu musst du dir tatsächlich Zeit nehmen, ob du willst oder nicht. Natürlich vorausgesetzt, du möchtest deine finanzielle Situation tatsächlich verbessern.

2.3 Kurz gesagt

Das, was du bis jetzt weißt, reicht, um dir eine Übersicht über deine finanzielle Lage zu verschaffen und dein Bewusstsein dafür zu schärfen. Nochmal zusammengefasst: Brav Listen führen, die für dich jederzeit zugänglich sind, Rechnungen aufheben, ein Girokonto, wo alle betrieblichen Einnahmen und Ausgaben eingehen, ein Sparkonto, auf dem du ausnahmslos 20 Prozent deiner Einnahmen ansparst, und eine klare Aufstellung am Ende jedes Kalenderjahres, um dir eine gute Übersicht zu verschaffen. Bedenke auch, dass du nicht alle deine Einnahmen für private Zwecke ausgeben darfst, weil deine Einnahmen aus deinen Tätigkeiten als Musiker im Regelfall ja noch unversteuert sind. Darauf gehe ich aber im kommenden Abschnitt noch näher ein.

Wie gesagt, was du bist jetzt über die Geldverwaltung weißt, reicht. Das bedeutet aber nicht, dass du bei dieser Sache nicht noch mehr ins Detail gehen kannst. Das kannst du natürlich, und das macht sogar Sinn. Vor allem dann, wenn du als Musiker zum Beispiel mehrere Projekte gleichzeitig machst. Wenn du etwa ein Soloprojekt als singender Gitarrist hast und gleichzeitig parallel ein Bandprojekt betreibst. Das kommt bei Musikern sehr häufig vor, um nicht finanziell auf eine einzige Sache angewiesen zu sein. Auch das ist übrigens eine gute Möglichkeit für mehrere Einkommensquellen, wie wir sie im ersten Buchabschnitt beschrieben haben. Derartiges ist aus finanzieller Sicht beinahe immer wünschenswert.

In diesem Fall kannst du auch ein zusätzliches Bankkonto mit deiner Band führen, wo etwa alle Bandmitglieder Zugriff haben und Gagen eingezahlt werden, Bandrechnungen bezahlt werden können und derartiges. Gerade wenn mehrere Musiker beteiligt sind, ist es wichtig, eine klare Übersicht zu behalten und ein Konto kann hierbei sehr hilfreich sein, da digital und nachvollziehbar auf dem Kontoauszug festgehalten wird, wann welche Geldbewegungen passiert sind.

Einen entscheidenden Tipp möchte ich dir in diesem Moment unbedingt geben: Mache niemals dein gesamtes Geld davon abhängig, was andere damit tun. Es ist dabei egal, wie sehr du deinen Bandmitgliedern vertraust oder nicht. Geld hat bereits sehr oft in der Geschichte dafür gesorgt, dass sich Menschen unmoralisch verhalten haben. Auch ich habe das bereits mit Schrecken feststellen müssen. Selbst wenn sich alle deine Mitmusiker im Falle eines gemeinsamen Kontos komplett korrekt verhalten, kann es mitunter ja auch mal zu einem Missverständnis kommen. Das muss dann tatsächlich nicht böse gemeint sein, aber es ist eine sehr unangenehme Sache herauszufinden, dass jemand in einem Projekt mehr von der Gage erhalten hat, als ihm zugestanden hätte.

Ich empfehle daher, immer einen gewissen Anteil des Projekt-Geldes bei den einzelnen Personen zu belassen und nicht alles im Kollektiv zu managen. Ich mache es meistens so, dass ein Teil der Einnahmen immer sofort in bar ausbezahlt oder auf die individuellen privaten Konten überwiesen wird und nur eine gewisse Restmenge auf dem gemeinsamen Konto verbleibt. Lege als Musiker jedenfalls niemals alle deine Eier in einen einzigen Korb. Achte darauf, dass du deine monetären Ressourcen an mehreren Orten lagerst. Wenn du es richtig anstellst, wird der Überblick über deine Finanzen damit nicht nur besser, sondern deine Finanzen sind dadurch sogar stabiler verwaltet. Wenn nämlich mal eines deiner Projekte komplett baden geht, geht nicht gleich deine ganze finanzielle Basis unter, sondern eben nur ein Teil davon. In der Investment-Fachsprache nennt man die Minimierung des Risikos auf diese Art und Weise: Diversifikation. Das machen übrigens so gut wie alle, die finanzmäßig etwas auf dem Kasten haben.

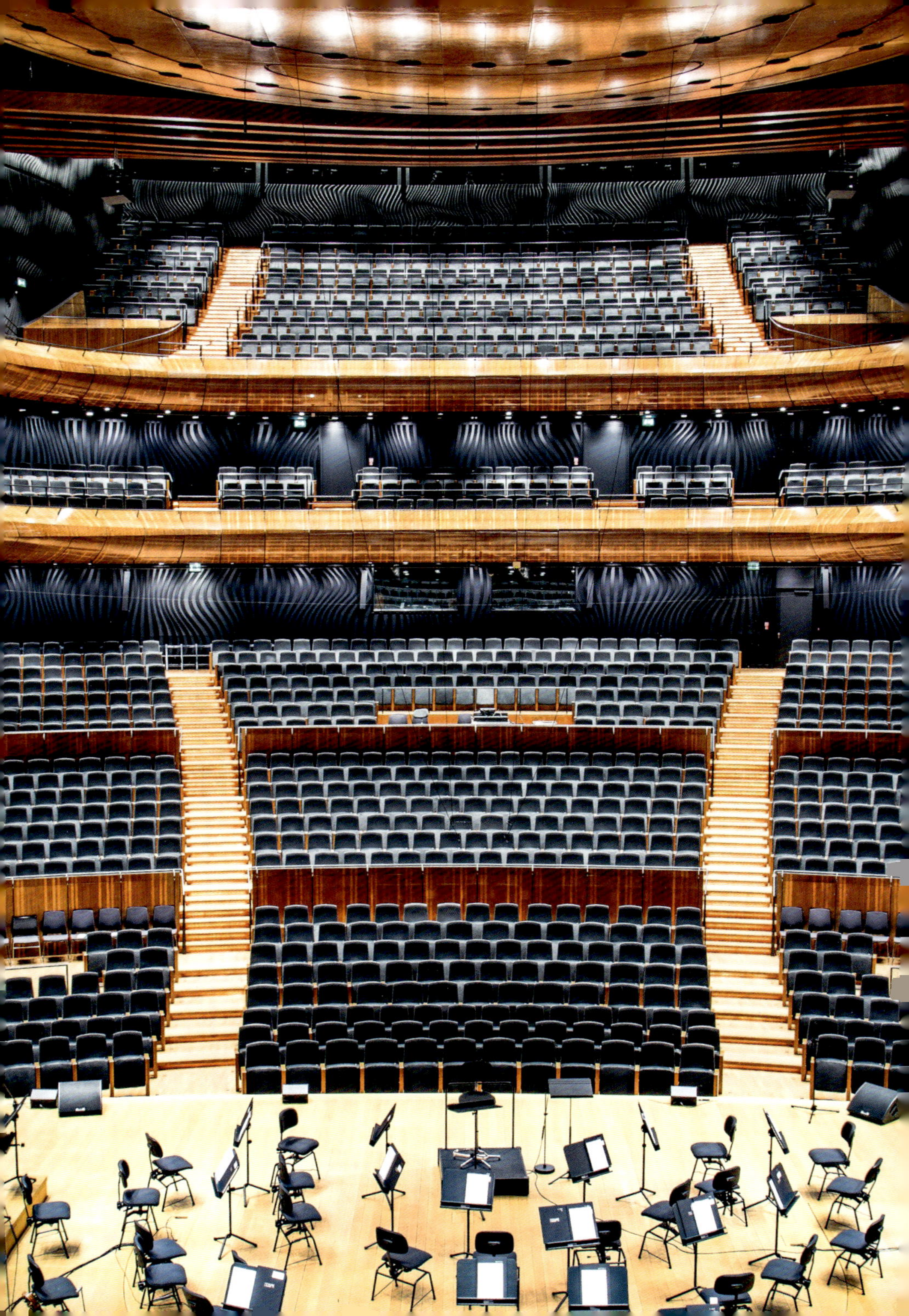

2.4 Wohin mit dem Schotter?

Ist das nicht merkwürdig? Viele Künstler verbringen mehr als 50 Stunden pro Woche damit, sich den Kopf darüber zu zerbrechen, wie sie Geld verdienen können, aber nehmen sich nicht einmal eine Stunde pro Woche Zeit dafür, um sich zu überlegen, wie sie mit dem Geld, das sie besitzen, umgehen sollten. Das ist einfach unklug. Es ist nämlich ein Fokus auf die Arbeit anstatt auf den Ertrag davon. Klar, jeder soll machen, wie er möchte, aber bitte erst dann, wenn er sich darüber bewusst ist, was er tut. Bei vielen Künstlern ist das leider nicht der Fall, wie die Ergebnisse zeigen.

Wenn ich das weit verbreitete Gejammere von Künstlern nämlich höre, dann geht es immer nur um den Verdienst. Die erklären mir dann, wie schwer es angeblich ist, als Musiker Geld zu verdienen. Kein Veranstalter zahlt mehr ordentlich. Ein Kunde ist nun weggefallen, weil die Leute ja jetzt nicht mehr ins Theater gehen, weil sie ja nur noch popcornfressend zu Hause vor Netflix hocken. Alle laden sich die Musik nun illegal aus dem Internet runter, deshalb können Musiker kaum mehr Geld verdienen etc. Ich weiß genau, du kennst das auch. Alle jammern, weil sie nicht genug verdienen.

Wo aber bleibt denn das Gejammere darüber, dass es schwer ist, sein Geld sinnvoll anzulegen oder auszugeben? Wieso zerbricht sich keiner den Kopf darüber, in was man als Künstler investieren kann, um sein Angebot zu verbessern? Niemand geht mehr auf Konzerte? Blödsinn. Das Publikum entscheidet sich einfach dafür, auf die besten Konzerte der Stadt zu gehen. Wenn du da als Veranstalter nicht dazugehörst, dann wird's wohl nichts mit der supertollen Musikerkarriere. Aber: Das ist veränderbar!

Ich kenne persönlich einige Konzertveranstalter, die ganz klein und ohne Kontakte angefangen haben. Heute buchen diese Personen die

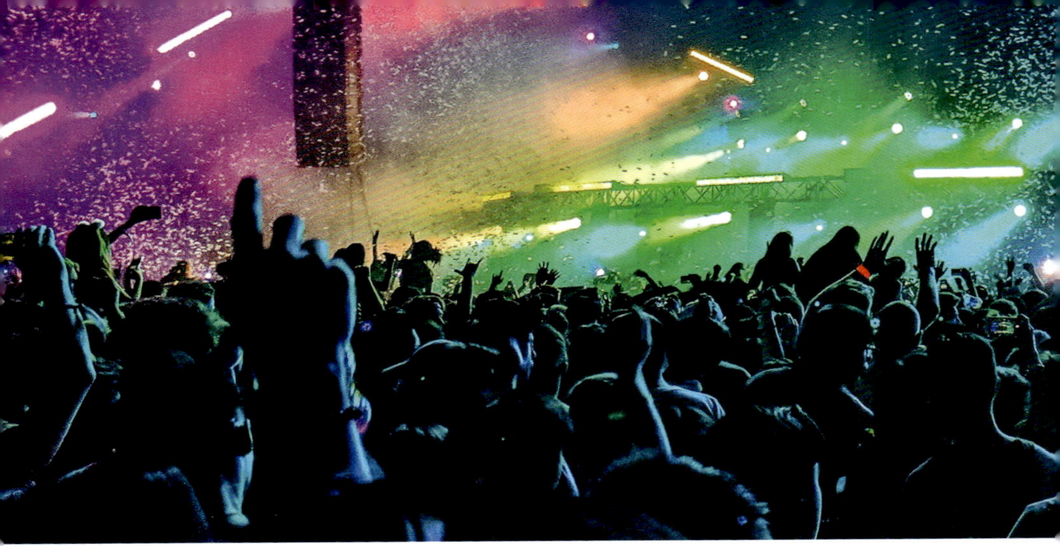

größten Stars der internationalen Musikbranche für ausgebuchte Konzerte. Egal ob Martin Garrix, Rita Ora oder sonst wen. Das Publikum zahlt kräftig, die Hallen sind ausverkauft, der Veranstalter hat volle Taschen und die Künstler sind glücklich. Es ist also nicht so, dass es nicht ginge.

Zurück zum Thema: Geld kommt und geht. Nachdem wir uns nun also bereits Gedanken darüber gemacht haben, wie du es bekommst und wie du dir ein Bewusstsein darüber schaffst, was du damit anstellen solltest, wenn du es besitzt, folgt nun, dass wir uns überlegen, wie es mit dem Geld weitergehen soll. Dein Geld ist nämlich in einer relativ schwierigen Situation. Es gehört jetzt zwar dir, aber jeder andere Mensch auf der ganzen Welt will es haben. Oder sagen wir, so gut wie jeder. Es wäre auch wichtig, dass du dein Geld tatsächlich jemand anderem weitergibst, da es nur dann einen Wert für dich bekommt. Hierin liegt bereits eine der Schlüsselentscheidungen für deinen finanziellen Wohlstand.

Die Frage ist also nicht, ob du dein Geld weitergibst oder wie viel du davon weitergibst. Wenn du dein Geld nämlich nicht weitergibst,

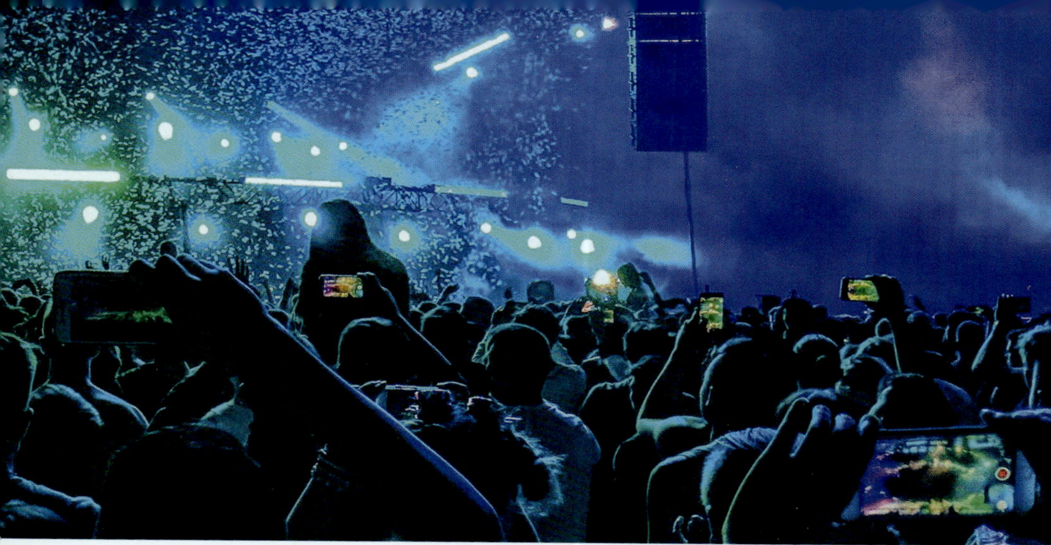

verarmst du, verhungerst du, verdurstest du, hast keine Wohnung, keine Instrumente und auch sonst nichts. Du musst also, nachdem du dir auf mehreren Konten und durch Führen einer Einnahmen-Ausgaben-Rechnung Überblick verschafft hast, nur noch die Entscheidung darüber treffen, wem du dein Geld weitergibst. Nur an den richtigen Stellen wird es dir Gutes tun.

Zu allen, die dein Geld haben wollen, zählt aber auch das Finanzamt dazu. Auch die wollen einen Teil deines Geldes haben, und zwar in Form der Steuer. So weit, so gut. Jetzt werde ich dir erklären, was du als Künstler machen kannst, damit dein Geld nicht so einfach und unkontrolliert wieder von dir wegfließt. Du musst deinen Finanzfluss umleiten! Um einen Fluss umzuleiten, braucht man allerdings zuerst eine Übersicht über die Wege des Flusses und dann die Techniken, um diese Umleitung zu vollziehen. Auch beim Kapitel Geldmanagement und Steuer gibt es also sehr viele Sachen, die du als Musiker beeinflussen kannst. Und? Wortspiel gecheckt? Beeinflussen? Von Fluss?

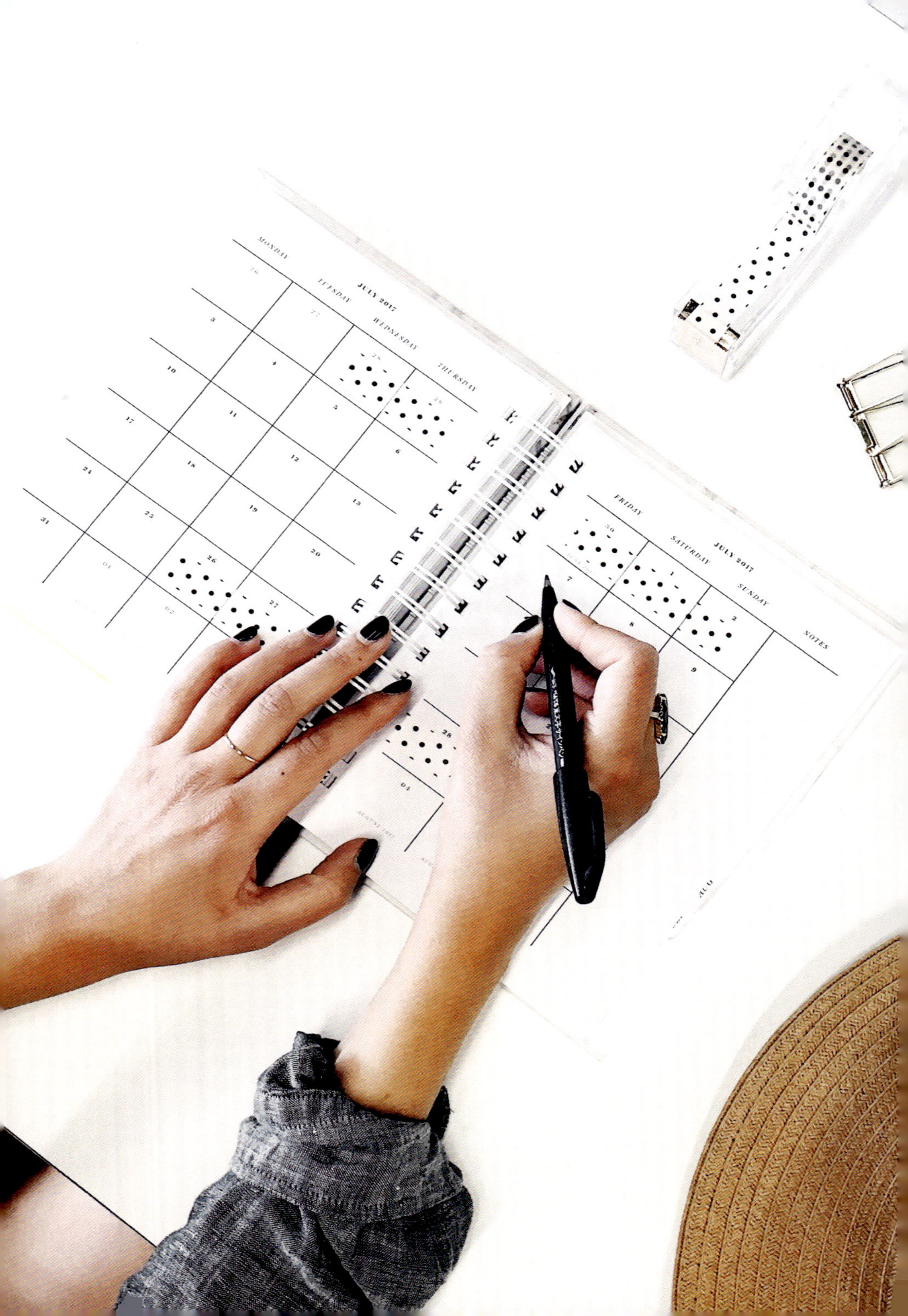
JULY 2017
MONDAY
TUESDAY
WEDNESDAY
THURSDAY
FRIDAY
SATURDAY
SUNDAY
NOTES

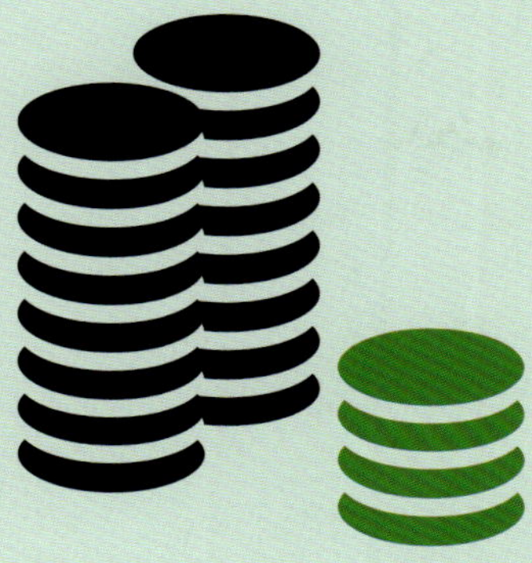

Lass uns zusammenfassen, worauf Musiker beim Geldmanagement achten sollten

1. Führe ein Girokonto und ein Sparkonto. Wenn deine Projekte es verlangen und es der Übersicht dient, gerne auch noch weitere Konten.

2. Spare immer 20 Prozent deiner Einnahmen. Dieses Geld dient der Erweiterung deiner Möglichkeiten. Viele Ressourcen zu haben ist immer besser als wenige Ressourcen zu haben.

3. Lege niemals alle Eier in nur einen Korb und und sei bedacht, wenn es um finanzielle Angelegenheiten geht. Vertrauen ist gut, aber nicht, wenn es blindes Vertrauen ist.

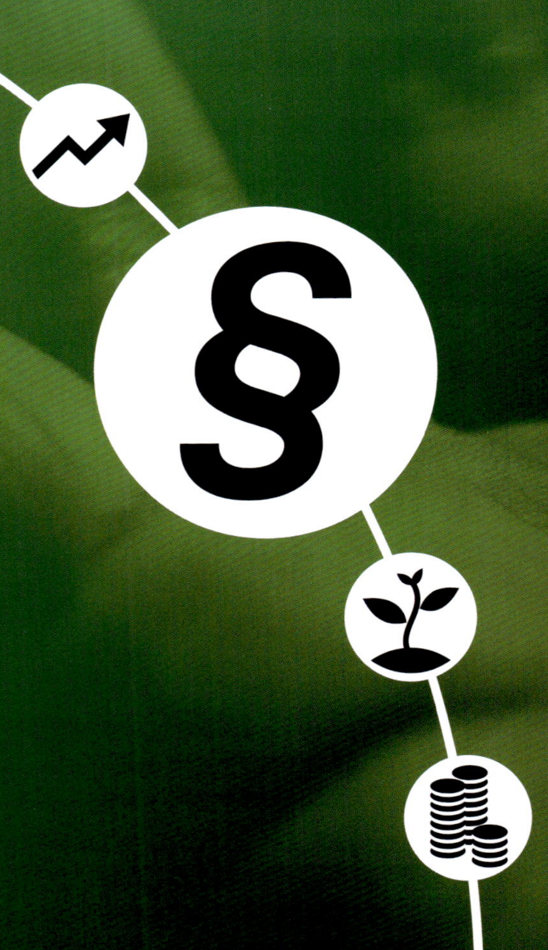

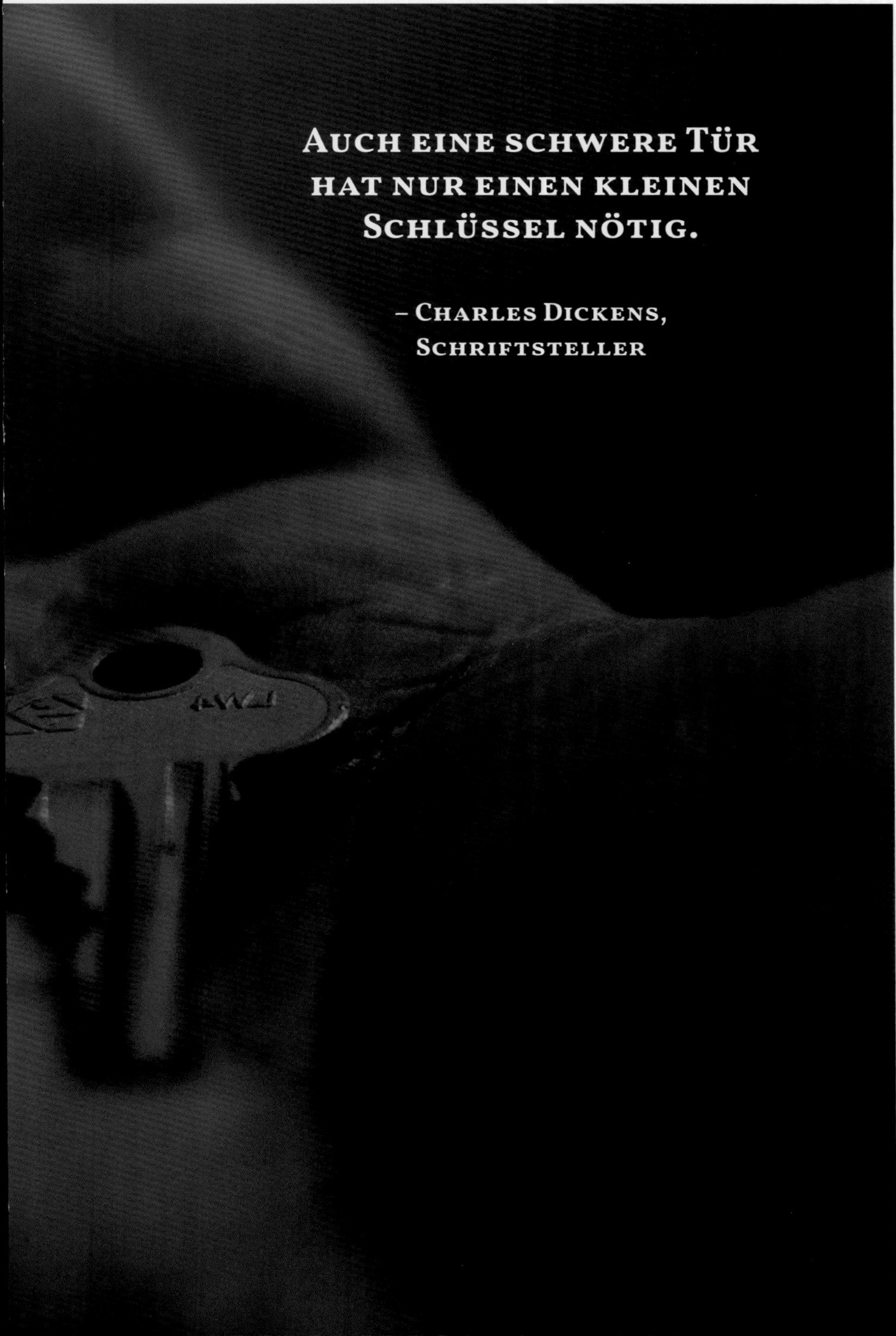

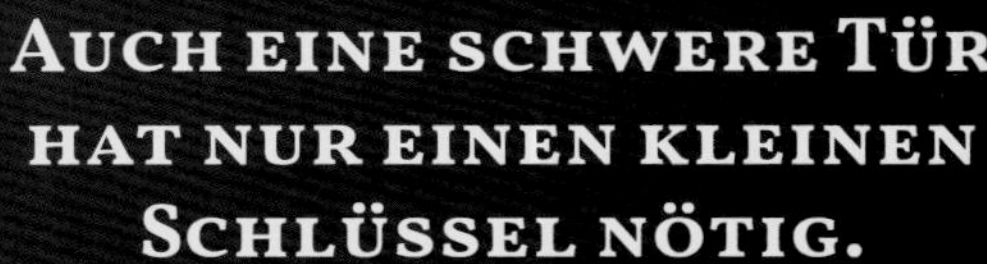

Auch eine schwere Tür hat nur einen kleinen Schlüssel nötig.

– Charles Dickens, Schriftsteller

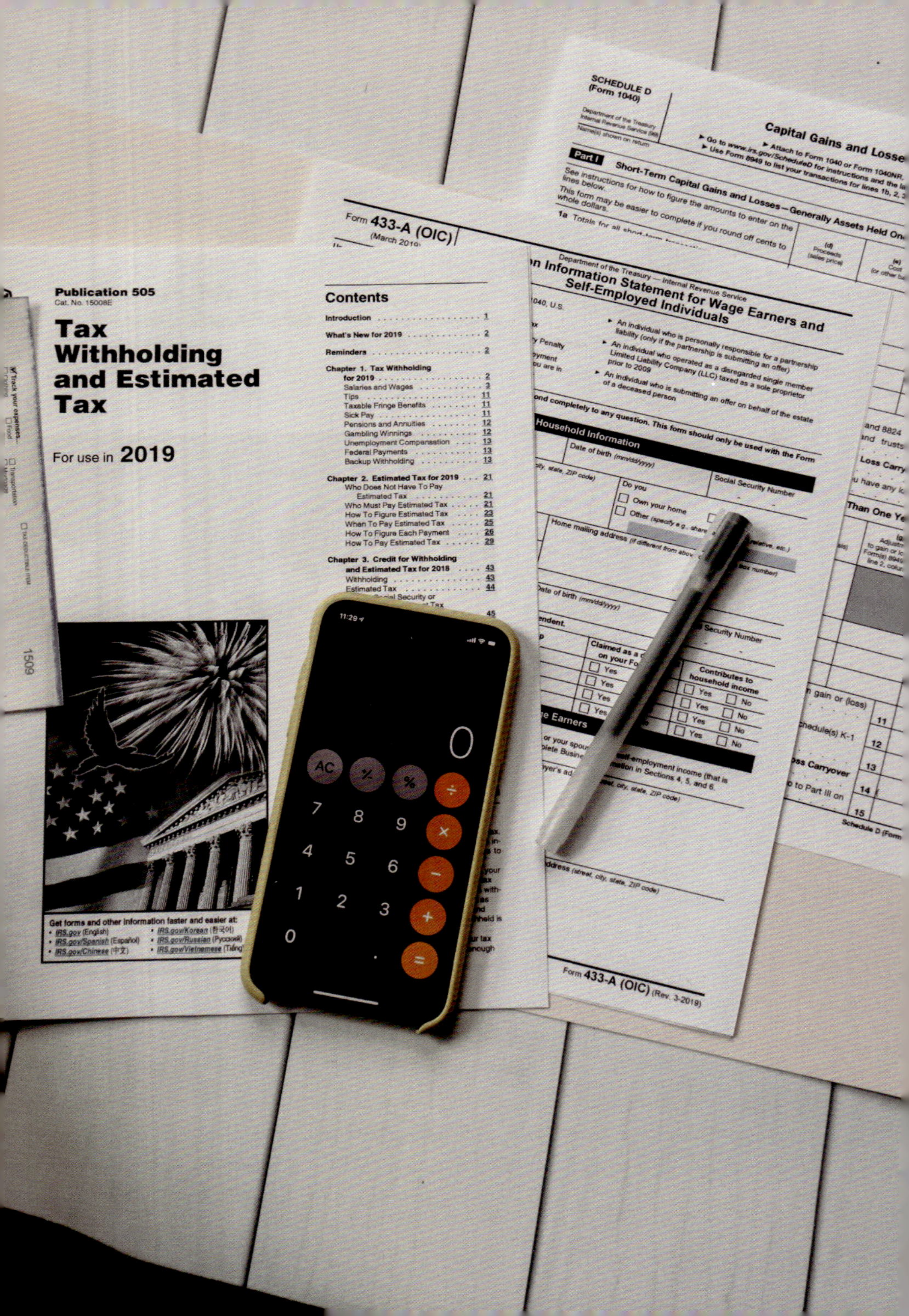

Publication 505
Cat. No. 15008E
Tax Withholding and Estimated Tax
For use in 2019
Contents
Introduction 1
What's New for 2019 2
Reminders 2
Chapter 1. Tax Withholding for 2019 2
Salaries and Wages 3
Tips 11
Taxable Fringe Benefits 11
Sick Pay 11
Pensions and Annuities 12
Gambling Winnings 12
Unemployment Compensation 13
Federal Payments 13
Backup Withholding 13
Chapter 2. Estimated Tax for 2019 . . . 21
Who Does Not Have To Pay Estimated Tax 21
Who Must Pay Estimated Tax 21
How To Figure Estimated Tax 23
When To Pay Estimated Tax 25
How To Figure Each Payment 26
How To Pay Estimated Tax 29
Chapter 3. Credit for Withholding and Estimated Tax for 2018 . . . 43
Withholding 43
Estimated Tax 44
Get forms and other information faster and easier at:
IRS.gov (English)
IRS.gov/Spanish (Español)
IRS.gov/Chinese (中文)
IRS.gov/Korean (한국어)
IRS.gov/Russian (Pусский)
Form 433-A (OIC)
(March 2019)
Department of the Treasury — Internal Revenue Service
Information Statement for Wage Earners and Self-Employed Individuals
Household Information
Date of birth (mm/dd/yyyy)
Social Security Number
Own your home
Home mailing address
Contributes to household income
Yes
No
Form 433-A (OIC) (Rev. 3-2019)
SCHEDULE D (Form 1040)
Capital Gains and Losses
Part I
Short-Term Capital Gains and Losses—Generally Assets Held One
AC
%
7 8 9
4 5 6
1 2 3
0
1509

§

3 Die Kunst, Geld zu versteuern

Diesem Kapitel muss ich vorausschicken: Die größten finanziellen Probleme entstehen Musikern rein dadurch, dass sie sich nicht darauf vorbereiten, welche Ausgaben theoretisch auf sie zukommen könnten. Es ist deshalb unbedingt erforderlich, dass du dir einen finanziellen Polster zurechtlegst. Denn manchmal passieren unvorhergesehene Dinge.

In Kreisen von Selbstständigen wird deshalb empfohlen, 50 Prozent des Umsatzes nicht für die selbständige Tätigkeit per se anzurühren, sondern lediglich für unabwendbare Ausgaben aufzuheben. Dazu zählen vor allem die Steuer, Versicherungen aber auch Unvorhersehbares. Auch wenn dich 50 Prozent nun abschrecken, solltest du nicht vergessen, dass das lediglich eine Reserve darstellt, von der nicht zu erwarten ist, dass du sie vollständig verbrauchen wirst.

Im Regelfall werden am Ende des Jahres nämlich nicht die gesamten 50 Prozent für derartige Posten (Steuer, Versicherungen, Ersatz der zertrümmerten Gitarre etc.) auszugeben sein, aber es ist zehnmal besser, wenn am Ende des Jahres etwas übrig bleibt, als dass du zu wenig Geld zur Seite gelegt hast und du dich in Schulden stürzt. Die Konten solltest du dir dafür bereits eingerichtet haben, also liegt es nur mehr an dir, diszipliniert mit deinem Geld zu haushalten. Auch hier gilt also: Safety first!

Wenn es aber so weit ist und du tatsächlich Steuern zahlen musst, ist es wichtig, über das entscheidende Wissen zu verfügen, das dann dafür sorgt, dass du nicht ausgenommen wirst wie eine Weihnachtsgans. Das will übrigens niemand, auch der Staat nicht. Du bist allerdings derjenige, der dafür sorgen muss, dass das nicht passiert.

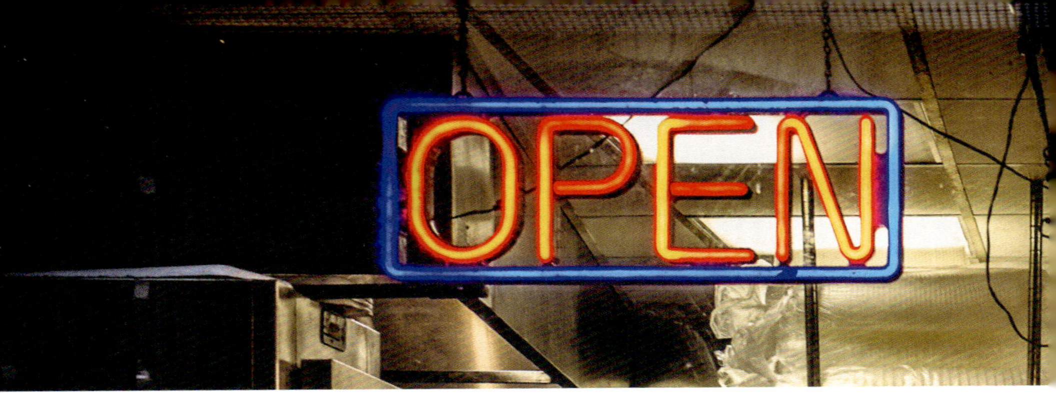

3.1 Warum weiß ich, wie das funktioniert?

Ich habe vor einigen Jahren mit einem Freund eine Firma abseits des Musikbusiness gegründet, bei der wir in unserer jugendlichen Euphorie sehr vieles anders gemacht haben, als wir das bei unserer Musikkarriere getan haben. Wir haben uns gleich mal ein Büro gemietet, den namhaftesten Steuerberater der Stadt geholt und Beratungsgespräche bei einer der renommiertesten Anwaltskanzleien gebucht.

Ob wir damals mit dieser Firma viel verdient haben? Ääh … Nein. Wir hatten keine einzigen Firmeneinnahmen. Nichts. Null. Wir haben alle Ausgaben aus privater Kasse gezahlt. Wir erstellten also eine sündhaft teuere Website, die nie ganz fertig wurde, mieteten ein Büro, das viel zu groß und nicht nötig war, ließen uns über aufkommende Probleme beraten, zu denen es nie kam, und kauften viele Sachen, die keiner brauchte. Ein halbes Jahr später waren wir noch immer beim Umsatz von 0 Euro, aber dafür mit enormen laufenden Kosten. Tolle Firma.

Als mein Partner und ich dann allerdings beschlossen, diese Firma aufzugeben, weil wir offensichtlich keine Ahnung von solchen Firmenstrukturen hatten, tat uns die Auflösung unserer Gesellschaft nicht mal weh. Im Gegenteil. Uns fiel eher ein Stein von Herzen. Ich habe mich daher zurück auf das besonnen, was ich richtig gut konnte, und habe mich wieder auf meine Musik konzentriert. Eigentlich war danach

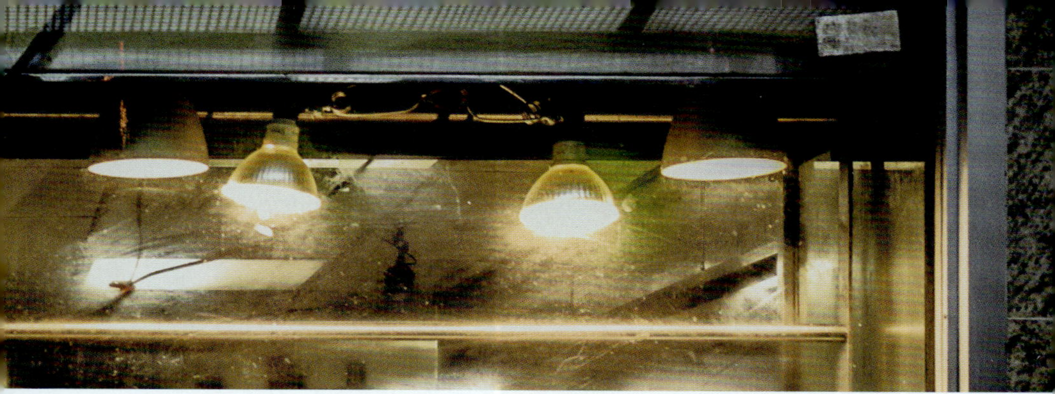

alles wieder beim Alten. Eigentlich. Denn eine Sache hat sich seit der Firmenauflösung nicht mehr verändert. Ein einziger wichtiger Punkt ist seither unverändert und dieser Punkt ist so maßgeblich, dass ich heute behaupten kann, dass er für meinen finanziellen Wohlstand als Musiker entscheidend ist:

Ich bin immer noch beim namhaftesten Steuerberater der Stadt und habe immer noch eine derart klare Übersicht über meine Einnahmen und Ausgaben. Diese Übersicht, deren Vorteile ich mir niemals hätte erträumen lassen, sorgt nun dafür, dass ich den Fluss meines Geldes kontrollieren kann. Ich tue das nun auf eine Art und Weise, die mir hilft, mein Musikerdasein finanziell erfolgreich zu gestalten. Immer. Die finanziellen Schwankungen wurden beinahe vollständig eliminiert, ich verdiene deutlich mehr, weil ich weiß, wie ich vorgehen muss, und die Ausgaben, die ich tätige, spülen mir am Ende des Tages sogar noch zusätzliches Geld in meine Taschen.

Und die Steuern? Die zahle ich nicht vorrangig. Die steuere ich! Ganz offiziell.

Und jetzt ist die Zeit gekommen, dass du das auch können sollst. Dafür musst du zuerst verstehen, was der Staat mit der Steuer eigentlich bezweckt. Wie heißt es so schön: Wissen ist Macht, gelle?

3.2 Was will der Staat eigentlich?

Der Staat definiert verschiedene finanziell relevante Kriterien, nach denen er feststellt, wer genug Geld hat, um andere zu unterstützen, und wer Unterstützung braucht. Der Staat nimmt damit der selektierten Personengruppe tatsächlich etwas von ihrem finanziellen Wohlstand weg, aber nicht, um sich zu bereichern, sondern um die Erträge dieser vorläufigen Enteignung der Wohlhabenderen neu zu verteilen und den Lebensstandard aller zu heben und zu erhalten. Das passiert beispielsweise im laufenden Ausbau der Infrastruktur, der Öffis, beim Zahlen von Kinderbeihilfe und so weiter. Eigentlich ganz simpel: Einer nimmt und gibt dann allen – und die, die etwas mehr brauchen, bekommen auch etwas mehr. Richtig klassisch im Robin-Hood-Style!

Ich finde es prinzipiell schön zu wissen, dass es ein System gibt, das sich darum kümmert, dass es niemandem schlecht gehen muss. Das ist doch eine wirklich tolle Errungenschaft unserer Gesellschaft. Findest du nicht?

Die Maßnahme der Steuer wird von den unterschiedlichen Personengruppen aber unterschiedlich wahrgenommen. Während die einen sagen: „Na das ist doch wohl das Mindeste, dass die Reichen mehr für die Armen zahlen. Die zahlen eigentlich noch immer viel zu wenig in den Staatstopf ein, denen geht es doch eh so gut“, sagen die anderen: „Das ist unfair! Wir reißen uns hier den Arsch auf, um wirtschaftlich erfolgreicher zu sein als andere, und dann sollen wir denen auch noch Geld dafür bezahlen. Solche Sozialschmarotzer!“ Wir sehen also: Die Steuer hat, genauso wie Robin Hood, nicht nur Freunde.

Das liegt mit Sicherheit auch an der Angst vor dem Unbekannten. Künstler können, weil sie sich im Regelfall mit der Materie zu wenig auseinandersetzen, oft nur sehr schwer einschätzen, was für steuerliche Belastungen auf sie zukommen könnten. Das ist zum einen darin zu begründen, dass viele Musiker nicht in steuerlich relevante Einkommenshöhen vordringen, und zum anderen darin, dass das Steuersystem eine relativ komplexe Angelegenheit ist und sich gleich auf mehrere Gesetzesschriften bezieht.

Obwohl aber alle Gesetzestexte zwar theoretisch relevant sein können, sind für die meisten Künstler nur sehr wenige Grundsätze von Bedeutung. Wer diese wenigen Grundsätze inhaltlich versteht und die Tipps in diesem Buch erfolgreich anwenden kann, wird reich dafür belohnt werden. Ich würde tatsächlich so weit gehen zu sagen: Die falsche Handhabung der steuerlichen Möglichkeiten ist oftmals schuld an der finanziellen Erfolglosigkeit vieler Künstler. Und vielleicht noch wichtiger ist der Umkehrschluss: Die richtige Handhabung der steuerlichen Möglichkeiten könnte vielen Künstlern dabei helfen, finanziell erfolgreich zu sein. Dazu musst du allerdings eine wesentliche Entscheidung treffen, die ich dir am besten anhand eines Gleichnisses zu Gemüte führen werde.

Goldschürfen in Alaska

Stell dir vor, du machst Urlaub am Klondike River bei Dawson in Alaska, dem ehemaligen Goldschürfer-Paradies. Du findest ganz unverhofft ein Goldnugget. Als du die Gegend mit deinem laienhaften Verständnis weiter untersuchst, entdeckst du sogar eine richtig ertragreiche Goldmine. Du kennst die Gesetze in Alaska nicht genau und weißt daher nicht, wie viel von dem gefundenen Gold du selbst behalten darfst, wie viel du abgeben musst und wie das alles vor Ort funktioniert.

Du hast nun zwei Möglichkeiten:

1. Du steckst das Nugget in deine Hosentasche, kümmerst dich illegalerweise nicht um irgendwelche Gesetze und verschwindest unauffällig. Danach machst du dir ein paar schöne Monate.

2. Du beschäftigst dich mit Schürftechniken und der aktuellen Gesetzeslage, um legal in der ertragreichen Goldmine zu schürfen. Danach machst du dir ein schönes Leben.

Was wäre dir denn lieber?

Tja, wenn du mich fragst: Let's do it properly. Wenn du es ordentlich angehen willst, wirst du viel verdienen und dann kommst du an der Steuer nicht vorbei. Wichtig ist eben nur, dass du dann weißt, was zu tun ist. Also, lass uns jetzt mal Tacheles reden.

3.3 Die Einkommensteuer

Es gibt verschiedene Steuern, die sowohl verschieden funktionieren als auch verschiedene Zwecke erfüllen. Einige dieser Steuern wie z. B. die Umsatzsteuer sind dabei sehr situativ zu betrachten. Um etwa die Umsatzsteuer zu beleuchten, muss man sich die detaillierte und individuelle Situation des Musikers ansehen. Wer sind die Kunden, wer ist die Zielgruppe, wieviel Umsatz wird generiert und so weiter. Da diese Parameter aber von Musiker zu Musiker und von Land zu Land unterschiedlich sind, solltest du unbedingt einen Steuerberater kontaktieren, damit du richtig mit derartigen Steuern umgehst.

Eine Steuer betrifft aber ausnahmslos alle Menschen, die gewisse Einkommensgrenzen überschreiten: Die Einkommensteuer. Sie betrifft jeden Bürger, ganz gleich, womit er sein Geld verdient. Im Gegenzug zur steuerlichen Belastung werden diese Finanzen dafür verwendet, um das Sozialsystem, das Gesundheitswesen, Bildungsinstitutionen, Pensionsangelegenheiten, das Verkehrswesen, interkulturelle Beziehungen und unzählige weitere innen- und außenpolitisch relevante Gegenständlichkeiten zu kompensieren, zu stabilisieren oder weiterzuentwickeln.

Die Einkommenssteuer in meinem Heimatland Österreich verläuft nach einem progressiven Schema, genau wie in Deutschland und der Schweiz. Das bedeutet, je mehr du verdienst, desto mehr hast du zu versteuern. Je mehr Einnahmen jemand erzielt, desto höher ist die theoretisch abzuführende Steuerlast. Ich schreibe deshalb theoretisch, weil die Steuerlast erst nach Abschluss eines Kalenderjahres tatsächlich bilanziert werden kann. Davor handelt es sich immer nur um Vorschreibungen, die nichts anderes sind als Prognosen seitens des Finanzamtes oder der steuerpflichtigen Person.

In Österreich sieht dieser progressive (lat. fortschreitende) Einkommenssteuertarif seit 2017 so aus:

» **0 %** für Einkommensteile von 0 bis 11.000 € jährlich
» **25 %** für Einkommensteile von 11.001 bis 18.000 € jährlich
» **35 %** für Einkommensteile von 18.001 bis 31.000 € jährlich
» **42 %** für Einkommensteile von 31.001 bis 60.000 € jährlich
» **48 %** für Einkommensteile von 60.001 bis 90.000 € jährlich
» **50 %** für Einkommensteile von 90.001 bis 1.000.000 € jährlich
» **55 %** für Einkommensteile über 1.000.000 € jährlich

In Deutschland und der Schweiz sieht das ähnlich aus, nur dass die Grenzen und die Prozentsätze etwas anders sind. Zugegeben, diese Tabelle sieht zunächst tatsächlich ziemlich furchteinflößend aus! Sofort tauchen unterschiedlichste Hirngespinste auf, von wegen: Na super, da arbeite ich wie ein Schwein als Musiker, um mir etwas aufzubauen, und dann muss ich von meinem hart erkämpften Jahreslohn von zum Beispiel 35.000 Euro auch noch 42 Prozent abgeben. 42 Prozent!! Das ist unfassbar. Der Staat zockt mich doch voll ab. Wenn ich ein Konzert um 300 Euro spiele, dann bleiben davon ja nur mehr 174 Euro übrig! Das geht doch nicht. Das können die nicht machen. Wie soll ich denn von 174 Euro pro Konzert leben? Und selbst wenn ich es schaffen würde, davon zu leben, dann wäre im gleichen Augenblick klar: Ich könnte mir niemals etwas aufbauen. Der Staat würde immer zu viel profitieren. Und zwar umso mehr, je mehr ich mir aufbauen würde.

Laut meiner Erfahrung mit hunderten Künstlern ist das leider tatsächlich das, was die meisten glauben. Lass mich daher diese Gelegenheit nutzen, um dir zu sagen: **Diese Sichtweise ist eindimensional und schlichtweg falsch!**

Wie du sehen kannst, handelt es sich bei den progressiven Stufen immer um bestimmte Einkommensbereiche, die nach einem fixen

Steuersatz zu besteuern sind. Im Verständnis dieses grundlegenden Systems liegt bereits eines der wohl am meisten verbreiteten Missverständnisse, das ich hiermit endlich aus der Welt schaffen möchte:

Nur jene Einnahmen, die oberhalb der definierten Steuerstufen liegen, werden höher besteuert. Es kann daher niemals einen insgesamten, absoluten Geldverlust durch einen Stufenaufstieg geben.

In dem Beispiel, in dem **35.000 Euro Jahresumsatz** erwirtschaftet wurden, werden daher nicht die Gesamteinnahmen mit 42 Prozent besteuert, sondern nur jene Einnahmenanteile zwischen 31.001 und 35.000 Euro. Der Rest wird niedriger besteuert wie die Tabelle eindeutig zeigt. Weil das so ist, verändert sich das Gesamtergebnis drastisch, sobald man diese Tabelle einmal als Gesamtkonzept betrachtet.

Rechnen wir das einmal kurz durch, damit du dich auskennst:
Für die ersten 11.000 Euro der insgesamt 35.000 Euro zahlst du **0 %,** also **0 Euro Steuer.**

Für den Betrag zwischen 11.001 und 18.000 Euro zahlst du **25 %,** also **1.749,75 Euro Steuern.**

Für den Betrag zwischen 18.001 und 31.000 Euro zahlst du **35 %,** das sind **4.549,65 Euro Steuern.**

Nur für den Betrag zwischen 31.001 und 35.000 Euro zahlst du **42 %,** also **1,679,58 Euro Steuern.**

Macht für dein gesamtes Jahreseinkommen von 35.000 Euro **7.978,98 Euro**

Spannung baut sich auf! Trommelwirbel! Tataaa: Das sind gerade mal schlanke 19,95 Prozent von 35.000 Euro! Von wegen 42 Prozent.

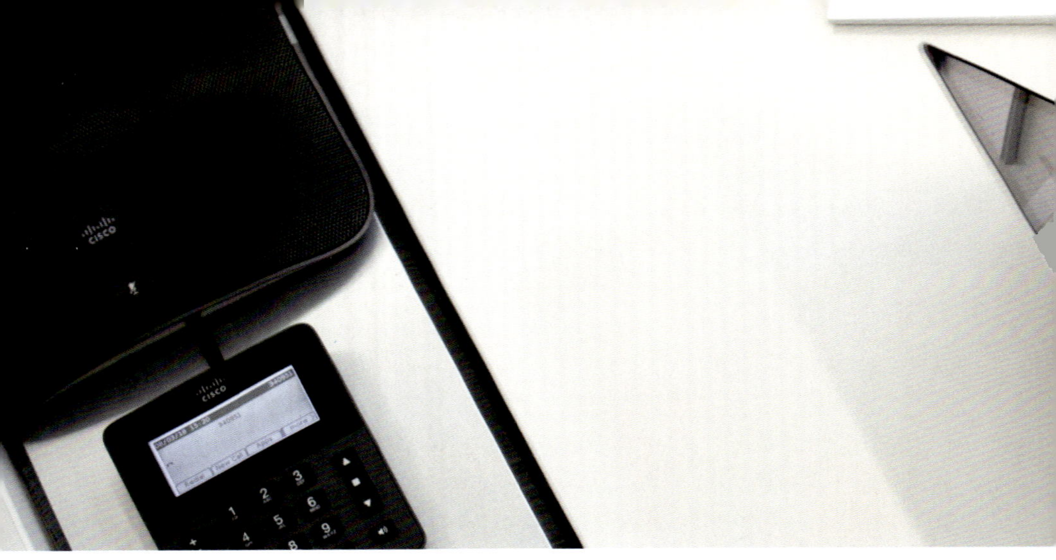

Ist das nicht unfassbar? Was wurde nun aus den 42 Prozent Abgaben in deiner Steuerstufe? Die 42 Prozent beziehen sich eben nicht auf deine Gesamteinnahmen, sondern nur auf jene, die du oberhalb der Grenze von 31.001 Euro verdienst. Klar, wenn du mehr verdienst, erhöht sich dein durchschnittlicher Steuersatz, aber Fakt ist, das dieses System bei weitem viel schlimmer interpretiert wird, als es tatsächlich aussieht.

Um es noch deutlicher zu sagen: Laut einer Statistik der Arbeiterkammer von 2015 verdienen 50 Prozent der selbständigen Künstler weniger als 7.970 Euro im Jahr. 75 Prozent der Künstler verdienen weniger als 14.542 Euro! Sollten zum Beispiel diese 14.542 Euro tatsächlich deine gesamten Gewinne aus deiner ausschließlichen selbständigen Tätigkeit sein, dann würde deine insgesamte Steuerlast nur 885,50 Euro betragen. Das sind gerade mal 6,09 Prozent! Tja, und für 75 Prozent aller selbständigen Künstler ist DAS die Realität. Nicht ganz so wild, oder?

Um nochmal das Konzert-Beispiel anzusprechen: Bei einem jährlichen Gesamtumsatz von 35.000 Euro bleiben von einer Konzertgage von

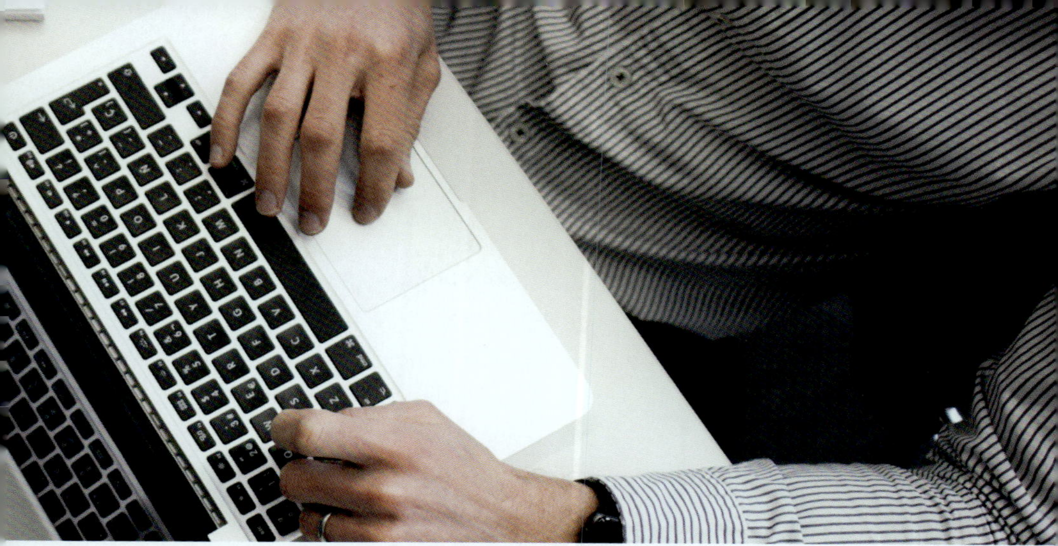

300 Euro daher nicht 174 Euro übrig, sondern 240,15 Euro! Du kannst selbstverständlich nicht den für dich relevanten höchsten Steuersatz auf einen bestimmten eingenommenen Betrag rechnen. Das macht überhaupt keinen Sinn! Dann könntest du nämlich genausogut den für dich relevanten niedrigsten Steuersatz auf einen bestimmten eingenommen Betrag berechnen. Das wären dann 0 Prozent Steuer. Wäre auch Blödsinn.

Sinn macht nur, wenn du den durchschnittlichen Prozentsatz deiner Steuer auf den eingenommenen Jahresbetrag rechnest. In unserem Beispiel von 35.000 Euro wären das wie berechnet 19,95 Prozent. Womit du übrigens bereits zur finanziellen Musikerelite des Landes gehören würdest.

Plötzlich fühlt sich alles schon nicht mehr ganz so wild an, aber das Beste kommt noch! Selbst diese Steuer ist eben vorerst nur theoretisch abzuführen. Dieser Grundsatz wird ebenfalls oft übersehen und noch viel häufiger einfach nicht richtig angewendet! Dazu komme ich aber noch. Zuvor muss ich noch eine sehr besondere Steuerstufe extra besprechen.

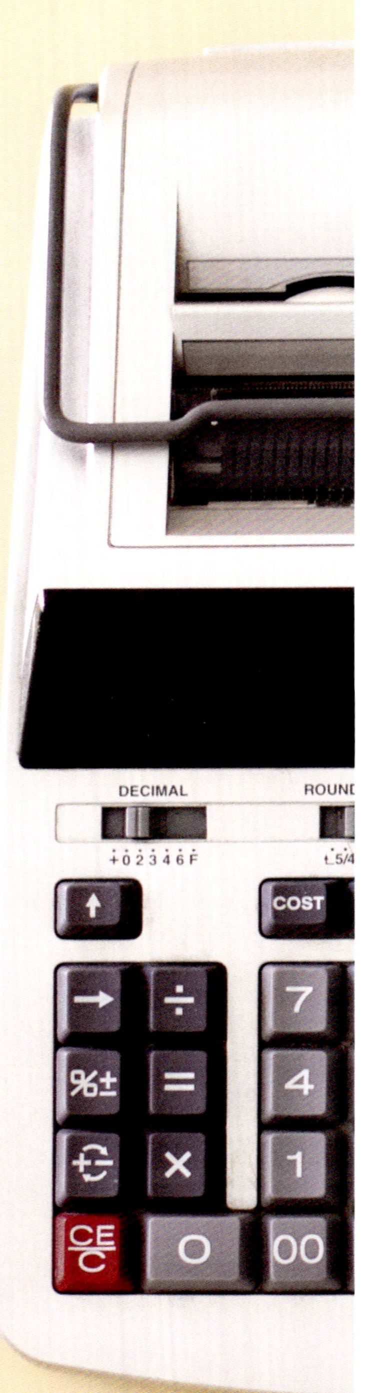

3.4 0 Prozent – der Steuerfreibetrag

Die erste Steuerstufe erwähne ich deshalb extra, weil sie mit ihrem 0-Prozent-Steuersatz eine gewisse Sonderstellung im Steuersystem in vielen Ländern hat. Wir zahlen zum Beispiel in Österreich also tatsächlich keine Steuern für Jahreseinnahmen bis 11.000 Euro. WOW! Hey Leute, das ist doch schon mal etwas. Unser Staat ist der Meinung, dass diejenigen, die weniger als diesen Betrag jährlich verdienen, keine Steuer zahlen müssen. Zugegeben, es wäre tatsächlich auch viel verlangt, denn die Armutsgrenze ist in Österreich 2017 mit 1.016 Euro monatlich bemessen. Diese errechnet sich aus 60 Prozent des durchschnittlichen Jahreseinkommens der Bevölkerung. Der Steuerfreibetrag liegt damit knapp unterhalb der Armutsgrenze.

Künstler, die weniger als 11.000 Euro Gewinn ermitteln, zahlen also ganz legal keine Steuern.

Ist das wieder nur so ein theoretisches Hirngespinst, das in der Praxis nie relevant sein kann? Nein, ist es nicht.

Im Gegenteil. Ich kenne einige Künstler, die sich jedes Jahr bewusst für diese Strategie entscheiden. Einfach für entsprechend wenig Gewinn zu sorgen. Ist diese Strategie also möglich? Ja. Sollte das jeder Künstler so machen? Nein. Aber manche wollen das offensichtlich, und das ist auch nicht zwangsläufig blöde.

Wir Künstler sind unterschiedlichste Menschen. Wir haben unterschiedliche Bedürfnisse, Ziele und Lebensvorstellungen. Es ist daher auch nicht so, dass es eine Strategie gäbe, die für uns alle gleich gut wäre. Fakt ist aber: Die Strategie, am Ende des Jahres überhaupt keine Steuer zu zahlen, ist durchaus eine sinnvolle Strategie, wenn auch nicht für jeden. Sie ist aus der Sicht der steuerpflichtigen Person in jedem Fall als finanziell effizient anzusehen, da nur der Künstler selbst von den eigenen Finanzen zu 100 Prozent profitieren kann. Aus sozialer Sicht kann diese Strategie natürlich auch beleuchtet werden, und diese Beleuchtung würde möglicherweise auch zu einem anderen Ergebnis führen. Das ist aber nicht Thema dieses Buches.

Thema ist stattdessen, wie ein Künstler legal für sich das meiste aus dem Steuersystem herausholen kann. Tja und die erste, einfachste, legale und daher absolut berechtigte Strategie ist, dafür zu sorgen, dass man erst gar nicht steuerpflichtig wird. Das klingt doch mal richtig sinnvoll, oder?

Diese Strategie zu verfolgen, birgt allerdings nicht nur sehr große Chancen in sich, sondern auch sehr große Gefahren. Unter anderem die Gefahr, dass der gesamte Fokus dieser Strategie für einen Musiker darin liegt, so wenig wie möglich zu haben, um so wenig wie möglich davon hergeben zu müssen. Wer sich jedoch darauf konzentriert, wenig zu haben, der kann beinahe mit an Sicherheit grenzender Wahrscheinlichkeit davon ausgehen, dass er auch wenig haben wird. Dieser Zugang wäre aus meiner Sicht aber gänzlich ungünstig, denn wer will schon wenig haben. Ich jedenfalls nicht.

3.5 Das Nettoprinzip

Für das verbreitete Steuersystem gilt das Nettoprinzip. Das bedeutet, dass das zu versteuernde Einkommen sich nur auf tatsächliche Gewinne bezieht. Der Gewinn ermittelt sich durch die Betriebseinnahmen abzüglich der Betriebsausgaben. Anbei zwei Gleichungen, die diesen Fakt klar für dich darstellen sollen:

Einnahmen – Ausgaben = Gewinn
Gewinn (ab 11.001 Euro) = zu versteuerndes Einkommen

Klar soweit? Du brauchst nicht deine gesamten Einnahmen zu versteuern. Das war noch nie so, das ist nicht so und das wird mit allerhöchster Wahrscheinlichkeit auch nie so werden. Wer sich allerdings mit der Höhe der Abgaben beschäftigt, sollte sich sehr wohl auch darum kümmern, wie er diese Abgaben sinnvoll reduzieren kann. Die Antwort lautet: Mit Betriebsausgaben.

Was Betriebsausgaben sind? Das sind alle Ausgaben, die du tätigst, um deinen Betrieb am Laufenden zu halten, und zwar genau so, wie du dir das vorstellst. Das DU in diesem Satz ist entscheidend. DU bist als Musiker dein eigener Geschäftsführer. Niemand sagt dir, wie du deine Karriere zu führen hast - außer dir. Egal, ob du einfach nur weitermachen willst wie bisher oder sogar expandieren willst. Du kannst alle betrieblichen Ausgaben von deinen Einnahmen abziehen, bevor es zur Versteuerung kommt. Alle. ALLE. ALLE! Zumindest solange auch für das Finanzamt ansatzweise nachvollziehbar ist, warum du dein Geld auf diese Art und Weise ausgibst. Das Steuersystem gibt uns Selbständigen damit ein wirklich gut schmeckendes Zuckerl mit auf den Weg, aber eben nur für diejenigen, die dieses Zuckerl auch wirklich lutschen wollen.

Zu den Betriebsausgaben ist lediglich zu sagen, dass man diese unbedingt sinnvoll tätigen sollte. Ob du es glaubst oder nicht, selbst hier passieren Musikern unglaubliche Fehler. Für einen erfolgreichen und bereichernden Umgang mit der Steuer und mit deinen Ausgaben ist nämlich nicht nur wichtig, wie viel du ausgibst, sondern wofür du dein Geld ausgibst.

Zwar kannst du, solange deine Ausgaben betriebliche Relevanz haben, den entsprechenden Betrag immer von deiner Steuer abschreiben, aber es macht eben einen entscheidenden Unterschied, wie sinnvoll du mit dem umgehst, was du für dein Geld bekommst. Eigentlich recht logisch.

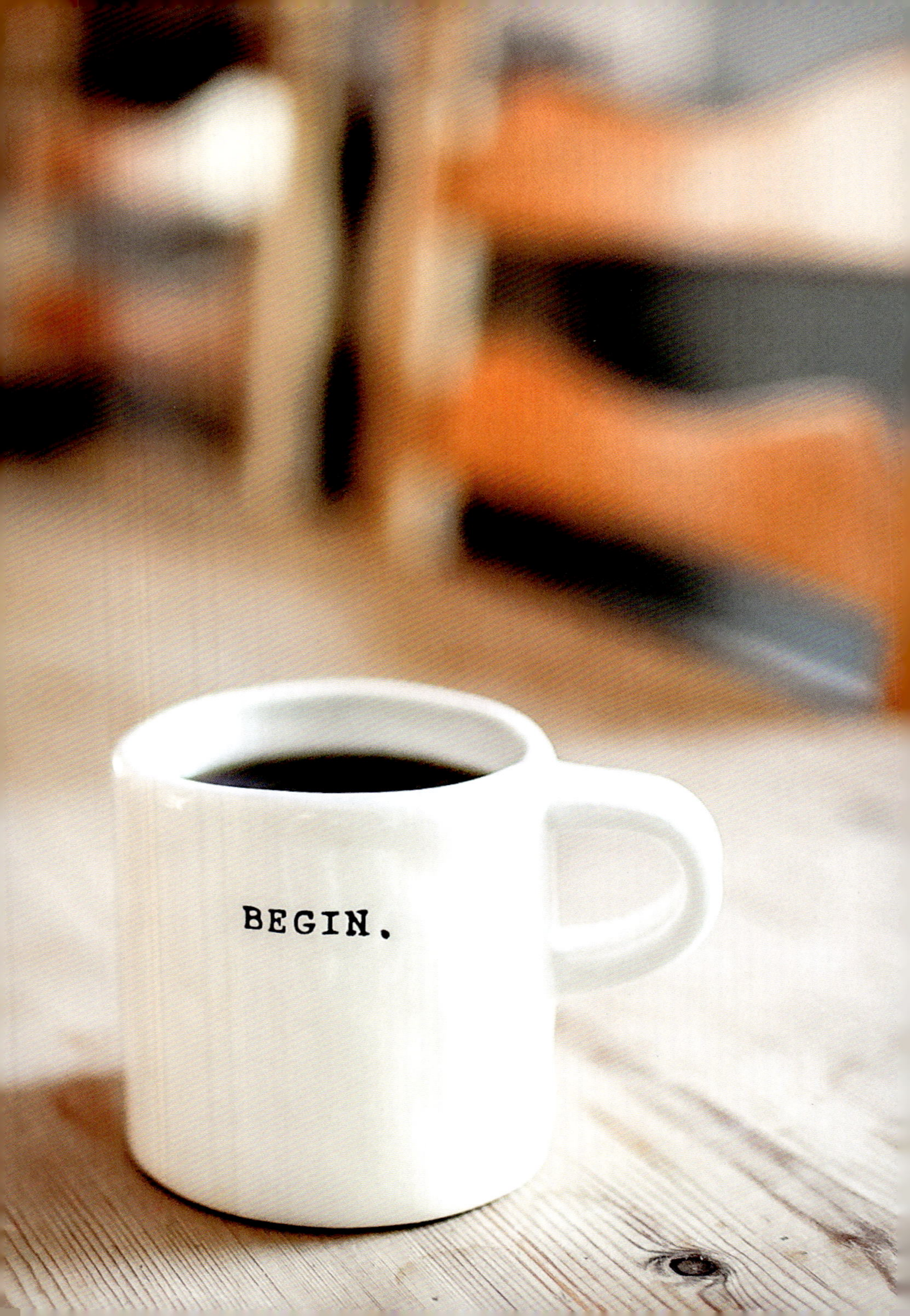
BEGIN.

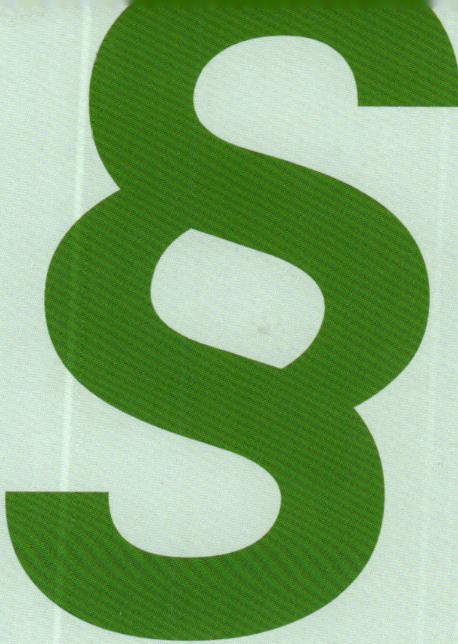

Lass uns zusammenfassen, worauf Musiker beim Geld versteuern achten sollten

1. Mache dir bewusst, dass die Steuer im Regelfall nicht so tragisch ist, wie sie auf den ersten Blick aussieht. Das liegt am progressiven System, dessen Effekt stark unterschätzt wird.

2. Entscheide dich für eine zu dir passenden Strategie und setze alles dran, vor allem sinnvolle Betriebsausgaben zu tätigen. Nutze das Nettoprinzip zu deinem Vorteil!

3. Scheue dich nicht davor, einen Steuerberater zu kontaktieren. Lieber einmal zuviel Rücksprache gehalten, als einmal zu wenig.

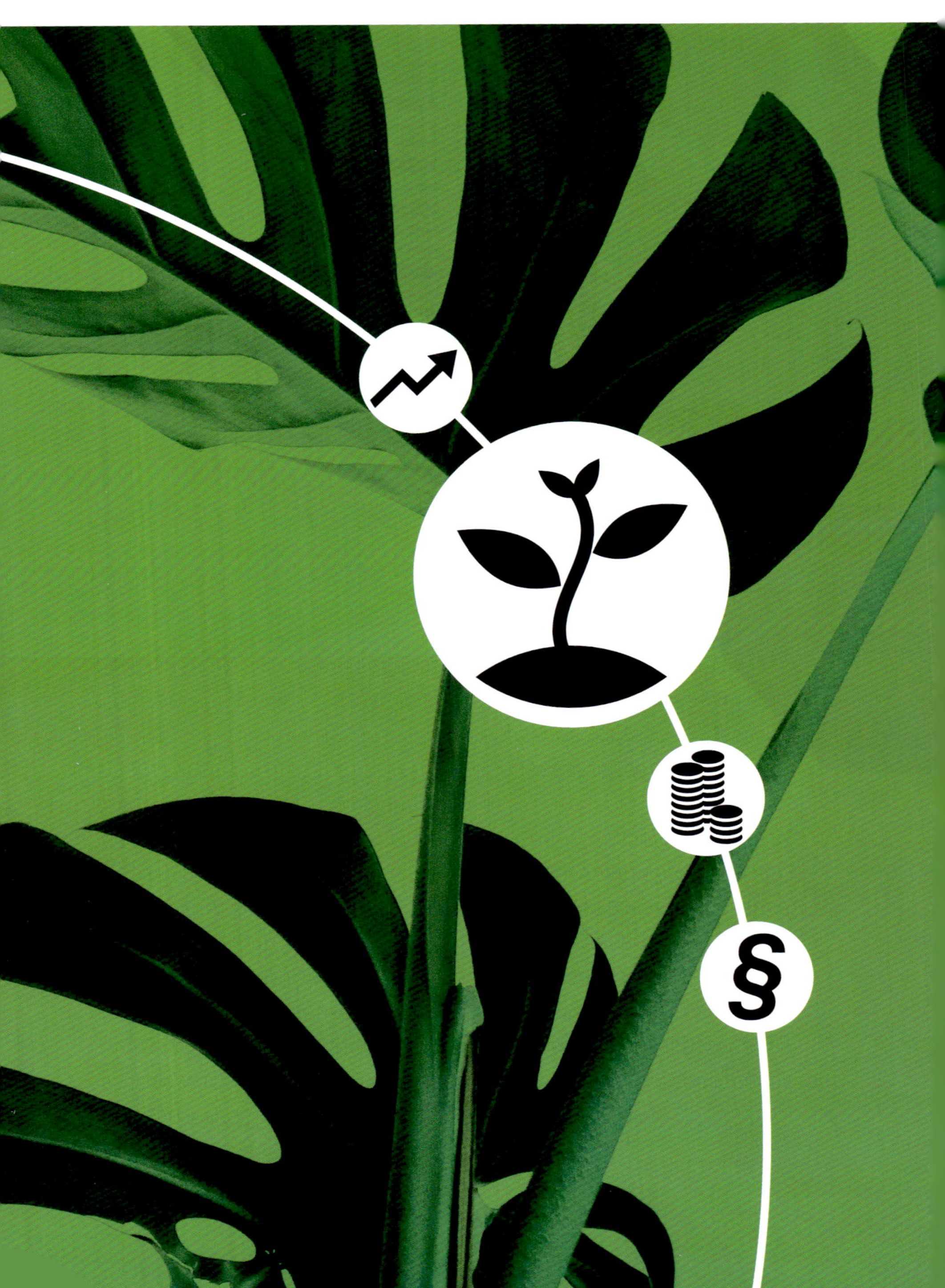

Nur wer etwas leistet, kann sich etwas leisten.

– Michail Gorbatschow, Politiker

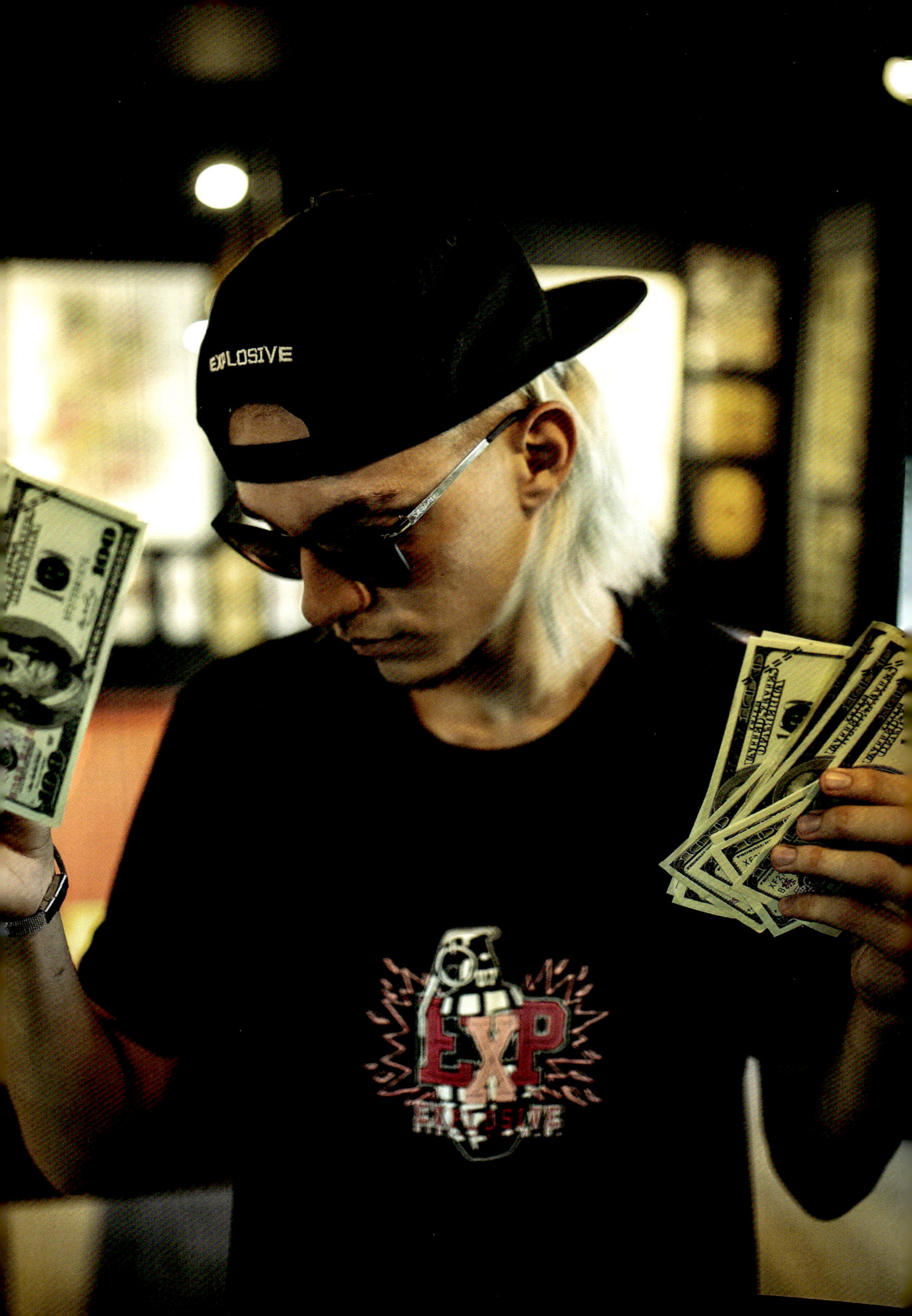
EXPLOSIVE
EXP

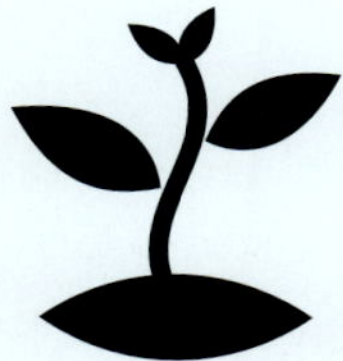

4 Die Kunst, Geld auszugeben

Beim Ausgeben deines Geldes ist in jedem Fall zu sagen, dass dein Geld für oder gegen dich arbeiten kann. Ziel dieses Buchabschnittes ist, dass du verstehst, wie du mit deiner Kohle umgehen solltest, um am Ende des Tages auch deine Ausgaben zu einer wertvollen Ressource zu machen. Dazu ist sowohl der rationale Ansatz wichtig, also was beispielsweise steuerlich geltend machbar ist, als auch der emotionale Ansatz. Das ist allerdings nicht esoterisch gemeint, sondern soll dir zeigen, dass selbst beim Ausgeben deines Geldes deine Gedanken mit darüber entscheiden, wie sinnvoll das tatsächlich ist.

Einige der Inhalte dieses Abschnitts decken sich mit Thema von Kapitel 3, da ja Ausgaben oft die Steuer direkt beeinflussen. Das macht aber nichts. Viel wichtiger ist es zu wissen, was strategisches Ausgeben bedeutet, und die nächsten Seiten werden dir dabei helfen, ein Verständnis dafür zu entwickeln.

4.1 Investiton vs. Ausgabe

Es ist für dich als finanziell intelligenten Musiker unabdingbar, dass du begreifst, dass du bei allen Ausgaben versuchen solltest, Investitionen zu tätigen. Achtung: Investitionen und Ausgaben sind völlig unterschiedliche Begriffe! Viele Menschen verwenden diese beiden Begrifflichkeiten leider komplett falsch.

Ich habe bereits in meinem Buch **Erfolgreich, aber rasch! – Wie Musiker mit weniger Aufwand schneller ihre Ziele erreichen** kurz erwähnt, dass du unbedingt den Unterschied zwischen Ausgaben und Investitionen kennen solltest. Hier und jetzt bist du bereit dafür, dass ich mit dir so richtig in die Tiefe der Materie eintauche. Der Unterschied zwischen einer Investition und einer Ausgabe ist nämlich wirklich wichtig, wenn es darum geht, sinnvoll mit deinem Geld umzugehen.

Ausgeben bedeutet, etwas zu kaufen, von dem anzunehmen ist, dass es dich in Zukunft noch mehr Geld kosten wird.

Investieren bedeutet, etwas zu kaufen, von dem anzunehmen ist, dass es dir in Zukunft Geld bringen wird.

Es zählt dafür nicht, was du mit deinem Geld kaufst, sondern wie du das Gekaufte einsetzt. Ich werde dir das anhand eines einfachen Musikinstruments als Beispiel darstellen. Dieses Musikinstrument kann sowohl eine Ausgabe sein (und damit zwar steuerlich absetzbar, aber deinem Wohlstand schadend) oder eine Investition (und damit sowohl steuerlich absetzbar als auch für deinen Wohlstand förderlich). Stell dir also vor, du bist Keyboarder und kaufst dir dein drittes Keyboard. Selbst in diesem simplen Beispiel kann dein Keyboard sowohl Ausgabe als auch Investition sein!

Das Keyboard als Ausgabe

Dieses Keyboard ist eine Ausgabe, wenn anzunehmen ist, dass es dich in Zukunft Geld kosten wird. Nehmen wir etwa an, du kaufst es und verwendest es im Regelfall nur zu Hause:

Wertverlust

Je mehr du dein Keyboard benützt und je länger du es besitzt, umso mehr verliert es an Wert (sofern es nicht irgendein Sammlerstück ist – bei dem könnte das anders sein). Im Regelfall solltest du mit einer Reduzierung des Wertes im Laufe der Zeit rechnen.

Platz und Lagerkosten

Angenommen ein Quadratmeter deiner 75 Quadratmeter großen Wohnung, die du um 1.000 Euro im Monat mietest, wird nun verwendet, um dein Keyboard zu lagern. Dieser Lagerplatz kostet dich dann jeden Monat etwa 13,30 Euro oder 160 Euro jährlich. Uff, das ist ja beinahe eine ganze Konzertgage.

Instandhaltungskosten

Druckknopf, Klaviertaste oder Drehregler kaputt? Ab ins Service damit. Das kostet übrigens gar nicht so wenig. Und das Benzin, das du benötigst, um zur Servicestelle zu gelangen, ist auch noch zu bezahlen.

Transportkosten

Im Normalfall kommt kein Keyboard von A nach B, ohne Kosten zu verursachen, alleine beim soeben angesprochenen Transport in eine Servicestelle würden Kosten anfallen.

Zeitkosten

Ob du es glauben willst oder nicht: Ein Keyboard zu besitzen kostet Zeit. Alleine vor dem Kauf werden oft Stunden oder Tage dafür aufgewendet, das richtige Modell auszuwählen. Aber auch während der

Zeit des Besitzes werden Studiomöbel mal umgestellt, abgestaubt, an- und abgeschlossen, installiert und deinstalliert und vieles mehr.

Das Keyboard als Investition

Dasselbe Keyboard ist allerdings als eine Investition zu betrachten, wenn es dir mehr Geld erwirtschaften kann, als diese gesamten Ausgaben ausmachen. Folgende Möglichkeiten wären exemplarisch erwähnenswert:

Mehr Live-Konzerte, Studiojobs oder Kompositions-Output

Das Keyboard unterstützt dich dabei, mehr oder lukrativere Konzerte oder Studiojobs spielen zu können. Es kann auch für die Qualität deiner Kompositionen entscheidend sein, weil dich die neun Sounds inspirieren. Dein neues Keyboard muss dafür besondere Eigenschaften besitzen, ohne die dir all das nicht möglich wäre. Achtung: Hier wird von Musikern sehr oft vieles schöngeredet. Gute Gitarristen könnten zum Beispiel Konzerte auch mit sehr schlechten Gitarren spielen, da die Musikalität im Regelfall deutlich wichtiger ist als das verwendete Instrument. Manchmal ist aber dennoch ganz bestimmtes Equipment nötig, um einen Job wahrzunehmen. Ein authentisches Jazz-Konzert wird mit einer Ukulele wohl eher unglaubwürdig wirken. Eine Heavy-Metal-Bass-Aufnahme wird sich mit einem Kontrabass wohl auch nicht ausgehen. Mehr oder lukrativere Jobs führen natürlich zu mehr Geld, ergo würde dieser Grund deinen Keyboard-Kauf zu einer potentiellen Investition machen.

Equipment-Reduktion

Dein neues Keyboard vereint das, was deine beiden alten Keyboards auch konnten. Da du deine alten, nun nicht mehr nötigen Keyboards verkaufst, sorgst du für eine Kostenreduktion in allen beschriebenen Kostenpunkten, also: weniger Wertverlust, weniger Lagerkosten, weniger Instandhaltungskosten, weniger Transportkosten, weniger

Zeitkosten. Eine ganz klare Investition, sofern die neu entstehenden Kosten geringer sind, als es die alten Kosten waren.

Erweiterung von musiknahen Tätigkeiten

Musiknahe Tätigkeiten sind zwar nicht unbedingt so, wie sich ein puristischer Musiker sein Leben vorstellt, aber wie du bereits weißt, finden viele Musiker auch Beschäftigung in derartigen Tätigkeiten. Wenn du beispielsweise Keyboard unterrichtest, könntest du mit einem dritten Keyboard vielleicht zwei oder sogar drei Schüler gleichzeitig unterrichten. Vielleicht wäre damit auch deine erste kleine Keyboardschule gegründet.

Weitere Kauf-Beispiele

Der Unterschied zwischen Ausgaben und Investitionen manifestiert sich allerdings nicht nur am Beispiel des Instrumentenkaufs. Schauen wir uns noch andere Beispiele an.

Website

Wenn dich die Website nach dem Kauf ausschließlich Geld kostet (Webspace, Domain, Grafik etc.), dann ist es natürlich eine Ausgabe. Wenn du mit deiner Website Geld verdienst (Ticketservice, Fangewinnung, merkliche Erhöhung des Markenwertes, verkaufsförderndes Marketingtool etc.), dann ist es eine Investition.

Bandbus

Hier gilt genau das gleiche. Wenn der Bus einen Gewinnzuwachs erwirtschaftet, ist es eine Investition. Es ist dabei egal, wie viel Servicekosten anfallen oder wie viel Benzin getankt werden muss, solange der Gewinn direkt durch die Nutzung des Busses nach oben steigt. Nochmal zur Erinnerung: Es müssen alle Ausgaben einkalkuliert werden, also auch das Reifenservice und der neue Scheibenwischer.

Unterricht

Unterricht zu erhalten ist natürlich auch eine Möglichkeit, sein hart erwirtschaftetes Geld an den Mann zu bringen. Ob Unterricht eine Ausgabe oder eine Investition ist, definiert sich wieder nur dadurch, ob das Gelernte direkt gewinnförderlich ist. In der Realität ist das allerdings selten der Fall. Ich kenne genug Musiker, deren Gewinn sich nicht durch ihr musikalisches Können, sondern durch ihr Know-How im Bereich Marketing maximiert. Das heißt nicht, dass es nicht gut wäre, hin und wieder auch Unterrichtsstunden zu nehmen, aber rein finanziell gesehen ist es aus meiner Erfahrung für die meisten Musiker oft eher ein Verlustgeschäft als ein Gewinn.

Meine Musikstudien auf einem privaten Konservatorium haben zusammen etwa 27.000 Euro gekostet. Wenn ich noch Privatstunden dazurechne (jede Woche eine Stunde um 25 Euro für ca. 3 Jahre), kommen 3.900 Euro dazu. Dann war ich noch auf diversen musikalischen Workshops, sodass mein gesamter erhaltener Unterricht überschlagsmäßig schnell die 40.000 Euro erreicht. Diese Rechnung kalkuliert natürlich nicht die Musikstunden mit ein, die mir der Staat innerhalb meiner Pflichtschulausbildung bezahlt hat.

In meinem ersten Jahr als Live-Musiker, direkt nach meinem Studium, habe ich aber bereits mehr Geld durch Musik verdient, als die Gesamtsumme meiner Musikausbildungen betragen hat. Für mich war daher selbst dieser große Betrag eine Investition, während kleinere Beträge für andere Musiker bereits eine Ausgabe darstellen.

4.2 Gebraucht kaufen vs. neu kaufen

An dieser Stelle möchte ich noch einen kleinen, feinen, finanziell relevanten Gedanken bei dir pflanzen. Ob Instrumente, Equipment und dergleichen neu oder gebraucht gekauft werden, ist natürlich einzig und alleine deine Entscheidung. Ich weiß ganz genau, wie es sich anfühlt, die brandneue Gitarre aus dem Geschäft zu übernehmen oder die Equipment-Lieferung vom Online-Musikhändler per Post nach Hause geliefert zu bekommen. Für Musiker fühlt sich Neuware immer an wie Weihnachten und Ostern zugleich, oder?

Diese wunderschöne Sache, Neugeräte zu kaufen, hat leider auch eine ziemlich triste Schattenseite: Bei Neugeräten ist der Wertverlust am stärksten. Das größte Problem dabei ist aber der exponentielle finanzielle Schaden:

Neugeräte verlieren ihren Wert am schnellsten, obwohl sie am teuersten sind!

Du gibst also am meisten Geld für etwas aus, das sich am schnellsten entwertet. Das ist finanziell gesehen ziemlich übel. Eben noch hast du dir die Gitarre im Laden um 1000 Euro gekauft und in dem Moment, in dem du den Laden verlassen hast, wirst du bereits große Schwierigkeiten haben, diese Gitarre auch nur um 900 Euro zu verkaufen.

Festhalten: Aus privatwirtschaftlicher und rein finanzieller Sicht bedeutet das, dass du mit Neugeräten einen höheren Umsatz erzielen musst, als mit Gebrauchtgeräten, damit sie sich für dich rentieren und du keinen Verlust machst. Gebrauchtgeräte verlieren zwar auch an Wert, aber die Verfallskurve ist deutlich flacher. Obwohl gebrauchte Geräte also emotional vielleicht nicht immer gleich viel Wert für dich haben wie Neuware, kann sich der Kauf sehr lohnen. Eben weil der Wertverlust deutlich geringer ist, du mehr liquide Mittel zurückhalten kannst und dein investiertes Geld besser erhalten bleibt.

Ultimativ gesprochen bedeutet das, dass es deutlich einfacher ist, eine finanziell erfolgreiche Künstlerkarriere mit Gebrauchtgeräten zu bewerkstelligen als mit Neugeräten. Krass! Den hohen Wertverlust, den deine Neugeräte nämlich produzieren, den musst du erstmal einspielen. Dieses Problem hast du bei Gebrauchtgeräten in deutlich geringerem Maß. Hier kann das durch deine Musik erwirtschaftete Geld viel schneller in deine Tasche fließen, weil es keinen vergleichbaren Wertverlust gibt, der erst einmal amortisiert werden muss.

Wichtig ist aber zu erwähnen: Gebraucht kaufen heißt nicht schwarz kaufen. Mir ist klar, dass es einen boomenden Schwarzmarkt für Musikinstrumente gibt. Obgleich in den Musikgeschäften Deutschlands mit Stand 2018 jährlich rund 650.000.000 Euro für Musikinstrumente ausgegeben wird, wird es wohl eine Dunkelziffer geben, die noch weit höher liegt, wenn wir die gängigen Online-Plattformen dazurechnen, auf denen Instrumente ohne Rechnung verkauft werden.

Oft kannst du dir auf diesen Plattformen aber auch eine Rechnung vom Verkäufer ausstellen lassen. Damit hast du die Möglichkeit, nicht illegal zu agieren, und du kannst diese Rechnung dann sogar von der Steuer als Betriebsausgabe absetzen. Bedenke, dass der Wertverlust dieses gebrauchten Instruments auch relativ gering sein wird. Somit wirst du es nach einiger Zeit möglicherweise wieder ähnlich gut verkaufen können. Ich mache das zumindest häufig so.

4.3 Künstler vs. Privatperson

Der folgende Punkt ist eine vielfach übersehene Tatsache, die Künstlern sehr in die Hände spielt. Es ist aus steuerlicher Sicht nämlich sehr wichtig, zwischen zwei Personen zu unterscheiden. Um das näher zu erklären, nehmen wir einfach mich als Beispiel. Wir stellen uns jetzt einfach mal vor, es gäbe nicht nur den „Gesamt-Emi", sondern es gäbe zwei „Teil-Emis". Mir ist natürlich klar, dass es mich im echten Leben nur einmal gibt, aber für das Finanzamt zählt nicht der eine gesamte Emi. Für das Finanzamt setzt sich dieser gesamte Emi aus zwei Teil-Emis zusammen. Da gibt es:

» **Emi, den Musiker, und**
» **Emi, die Privatperson.**

Diese Teil-Emis haben unterschiedliche Rechte, Pflichten und Möglichkeiten beim Finanzamt. Beide Emi-Versionen sind für das Finanzamt zwar von Bedeutung, aber eindeutig von unterschiedlichem Interesse. Dieses Interesse begründet sich natürlich nicht auf Sympathie, sondern rein auf der Tatsache, wie welcher Teil-Emi mit seinem Geld umgeht. Das Finanzamt muss nämlich feststellen können, wie viel Geld durch meine Hände fließt, um zu definieren, ob und in welcher Höhe ich steuerpflichtig bin. Ist klar, oder? Wenn das Finanzamt nämlich nicht genau weiß, wie viel ich verdiene oder wofür ich mein Geld ausgebe, kann mich das Finanzamt auch zu keiner Steuerleistung verpflichten. Das will es aber.

Das Interesse des einen ist leider oft genau das, was andere zu vermeiden versuchen. Der Fakt, dass das Finanzamt gutverdienende Musiker zu einer Steuerleistung verpflichten will, ist leider auch einer der Gründe, warum im künstlerischen Bereich so viel Schwarzgeld im Umlauf ist. Deshalb leider, weil man mit Schwarzgeld dem System nur schadet – jenem System, das Musiker ohnehin nicht bestrafen würde, wenn sie die Sache richtig angingen. Das wissen die meisten Künstler nur nicht, und deshalb gehen sie die Sache komplett falsch an. Für jetzt aber zurück zu den beiden Teil-Emis und der Verschmelzung dieser zum Gesamt-Emi.

Für das Finanzamt sind zwei essentielle Fragen wichtig:

1. **Wieviel Geld verdient der Gesamt-Emi?**
2. **Wieviel Geld geben jeweils die Teil-Emis aus?**

Wie viel Geld verdient der Gesamt-Emi?

Das ist die erste essenzielle Frage, und weil sie so wichtig ist, wiederhole ich sie: Wie viel verdient der Gesamt-Emi? Es ist ganz egal, durch welche Tätigkeit. Es ist egal, ob ausschließlich als selbstständiger Künstler oder als Angestellter mit zusätzlicher selbstständiger künstlerischer Tätigkeit. Es zählt nicht, wie der Gesamt-Emi sein Geld verdient, sondern wie viel Geld der Gesamt-Emi verdient. Für das Finanzamt ist nur die Summe relevant, egal wie sie sich zusammensetzt. Diese Summe definiert die theoretische Steuerlast durch das progressive Stufensystem. Bei Angestellten wird diese Last im Vorfeld berechnet, während sie bei Selbständigen im Nachhinein eingefordert wird. Auch das weißt du bereits. Jetzt wird's aber interessant.

Wie viel Geld geben jeweils die Teil-Emis aus

Ich, der private Emi, habe private Ausgaben. Weil ich eben auch eine Privatperson bin. Die Privatperson Emanuel Treu definiert sich durch ganz viele Eigenschaften, Wünsche, Erfahrungen, Ängste, Leidenschaften usw., die dem Finanzamt komplett schnurzegal sind. Es interessiert sie überhaupt nicht, ob ich gerne Hotdogs fresse, Netflix schaue oder welche musikalischen Vorlieben ich privat habe. Es interessiert sich nicht für meine privaten Vorlieben, für die ich Geld ausgebe, damit der private Emi glücklich ist. Noch krasser: Die wollen das gar nicht wissen.

Ich, der Emi, habe aber auch betriebliche Ausgaben. Weil ich eben auch ein selbständiger Künstler bin. Der Musiker Emanuel Treu definiert sich ebenfalls durch ganz viele Eigenschaften, Fähigkeiten, Wünsche, Erfahrungen, Ängste, Leidenschaften usw. Diese sind dem Finanzamt aber nicht egal. Ganz im Gegenteil. Das Finanzamt möchte gerne ganz genau wissen, wofür der selbständige Künstler Emi sein Geld ausgibt. Bis auf den letzten Cent wollen sie alles möglichst genau aufgeschlüsselt und mit Rechnungen belegt haben, um eine Kontrollmöglichkeit über meine Angaben zu besitzen.

Weil das so ist, führe ich relativ akribische Aufzeichnungen darüber, wie der selbständige Musiker Emi sein Geld ausgibt. Ich mache das in der gängigen Form der Einnahmen- und Ausgabenrechnung. Dabei handelt es sich um eine exakte Jahresauflistung dessen, was ich an betrieblichen Einnahmen und an betrieblichen Ausgaben habe. Ich nehme diese Aufstellung in Microsoft Excel vor, liste meine Einnahmen und Ausgaben nach Datum sortiert untereinander auf und berechne die entsprechenden Summen. That's it. Ich berechne noch zusätzlich die Umsatzsteuer, aber auch hier weißt du bereits, dass du dich schlau machen solltest, ob das in deinem Fall Sinn für dich macht.

4.4 Der besondere Vorteil für Künstler

Jetzt kommt's. Volle Konzentration!

» **Für das Finanzamt bin ich zwei Personen. Der private Emi und der künstlerische Emi.**
» **Für mich bin ich aber nur eine Person. Der Emi.**

Dieser Fakt verändert einiges! Dieser Fakt ist der wesentlichste Grund, warum es sich für Künstler immer auszahlt, Steuern zu zahlen oder anders gesagt, theoretisch steuerpflichtig zu sein. Bei uns Künstlern ist nämlich eine Sache anders als bei sehr vielen anderen Berufstätigen. Die Kunst ist unser Leben. Die Kunst macht uns zu dem, was wir sind. Wir können sie nicht abstellen. Selbst wenn ein Sänger keine Auftritte spielt, dann singt er. Als Privatperson! Und wenn er als Privatperson singt, arbeitet er praktisch gesehen gerade betrieblich. Versteht du was ich meine? Private und betriebliche Person sind im Falle des Künstlers ein und dasselbe. Es ist unveränderlich. Dieser Fakt bringt allen Künstlern einen unfassbaren Vorteil im Falle der Steuerpflicht! Da bei Künstlern nämlich die betriebliche Person ein und dasselbe ist wie die Privatperson, hat die Privatperson immer dann einen Vorteil, wenn die betriebliche Person einen hat. Es ist eben im künstlerischen Fall nicht trennbar. Wenn man mir zum Beispiel die Musik nehmen würde, wäre ich nicht mehr ich. So einfach ist das. Ich bin aber ich. Ich bin nun mal der künstlerische Emi und der private Emi zugleich. Und vom künstlerischen Emi, der das Recht hat, diverse Ausgaben beim Finanzamt von der Steuer absetzen, profitiert deshalb auch der private Emi. Und weil der private Emi von der Steuer profitieren kann, hat er einen entscheidenden Vorteil gegenüber denjenigen Privatpersonen, die nicht von der Steuer profitieren können.

Ich möchte gerne ein paar steuerlich relevante Beispiele bringen, damit du besser und konkreter verstehst, was ich damit meine, dass der Betriebs-Emi gleichzeitig der Privat-Emi ist und welche entscheidenden Vorteile das bringt.

Beispiel 1: Mein Musikkonsum

Der private Emi hört irrsinnig gerne Musik. Quer durch alle Stile, Zeitepochen, Künstler und Alben. Weil das so ist, kauft sich der private Emi auch eine gute Stereoanlage und lädt sich regelmäßig Musik runter, um diese in der Früh direkt nach dem Aufstehen, untertags beim Spazierengehen oder auch am Abend bei einem guten Glas Whiskey genießen zu können. Sogar das Handy, das ich verwende, ist jenes, das aus meiner Sicht den besten Wiedergabe-Sound von allen Handys hat. Ich höre daher privat jegliche Musik, wann auch immer ich will und in der bestmöglichen Qualität. Hat das nun etwas mit dem künstlerischen Emi zu tun? Na, aber hallo! Natürlich! Diese Musik, die der private Emi hört, ist das absolut purste Lernfeld für den künstlerischen Emi. Jede Aufnahme erweitert meinen musikalischen Horizont und bildet mich direkt weiter. Ich verwende die Erfahrungen aus diesen musikalischen Hörprozessen, um Songs zu schreiben, Chöre zu arrangieren, Demos zu produzieren oder selbst Konzerte zu geben. Da die Investitionen in meinen privaten Musikkonsum daher direkt meiner Künstlerkarriere nutzen, kann ich sie selbstverständlich von der Steuer absetzen. Und der private Emi freut sich auch. Der muss nämlich nicht wie alle anderen privaten Bürger Steuern auf sein Handy, seine Stereoanlage und auf seine Musik-Medien zahlen, sondern er nutzt diese Ausgabe, um seine eigene Steuerlast zu minimieren.

Beispiel 2: Businessfreunde

Ich habe vor einiger Zeit den Beschluss gefasst, nur noch mit Menschen zusammenzuarbeiten, die ich auch privat schätze. Klar, das kann auch Möglichkeiten verbauen, aber für mich persönlich ist Geld nun mal nicht alles. Es interessiert mich schlichtweg nicht, meine limitierte Zeit auf dem Planeten mit unangenehmen Nervensägen zu verbringen, von denen es gelinde gesagt gar nicht allzu wenige im Musikbusiness gibt.

Weil ich diesen Beschluss gefasst habe, ist der Großteil derer, mit denen ich zusammenarbeite, auch ein Personenkreis, den ich privat eben sehr gerne um mich habe. Einige meiner Businesspartner sind tatsächlich meine besten Freunde. Nehmen wir nun an, der private Emi will Zeit mit einem dieser Freunde verbringen. Er ruft also seinen besten Freund an, um mit ihm etwas zu unternehmen. Da der Freund nicht in Wien wohnt, kauft Emi ein Zugticket und ein weiteres für die öffentlichen Verkehrsmittel in der Ortschaft des Freundes.

Dort angekommen wird geplaudert und gelacht und dann dem gemeinsamen Hobby nachgegangen: Songwriting. Es werden Songs geschrieben, Demoaufnahmen gemacht und über die Zukunft dieser entstandenen Werke philosophiert. Am Abend gibt's ein gutes Bier und den Heimweg. Was für ein toller Tag für den privaten Emi! Und der künstlerische Emi? Nun ja, der hat neue Songs und neue Demos im Gepäck und fährt nach einem erfolgreichen Arbeitstag nach Hause.

Und er setzt vom Gewinn, der später durch diese Songs entsteht, das Zugticket und das Öffi-Ticket zu seinem Freund ab und bekommt sogar Diäten (und damit das Essen und das Bier) quasi vom Staat gezahlt, weil er nicht in seiner Heimatortschaft war, um dort zu arbeiten.

ACHTUNG! Damit das hier keiner in den falschen Hals bekommt: Das ist kein Ausnutzen des Systems, sondern ein Benutzen des Systems. Der Steuerzahler, der diese Leistungen für mich bezahlt, bekommt ja eine Wirtschaftsleistung in Form von kultureller Wertschöpfung für sein Geld. Genau dafür ist das Steuersystem unter anderem auch geschaffen worden. Diese Leistung erhält er vom künstlerischen Emi, aber der private Emi hatte eben auch seinen Ertrag davon, weil er bezahlterweise seinen Freund besuchen konnte, um mit ihm seinem Hobby nachzugehen, das zufälligerweise des künstlerischen Emis Beruf ist. Klar, wie ich das meine?

Beispiel 3: Mein Tonstudio

Ich habe in meiner Wohnung ein Tonstudio. Natürlich für den künstlerischen Emi. Zugegeben, der private Emi findet das eigentlich auch ganz geil. Alle Kosten, die dem künstlerischen Emi durch das Betreiben dieses Tonstudios entstehen, können selbstverständlich von der Steuer abgesetzt werden und minimieren den Gewinn. Ich gehe jetzt nicht ins absolute Detail, was die Aufteilung der Gerätenutzung zwischen dem privaten und dem künstlerischen Emi betrifft, aber Fakt ist, dass sich auch der private Emi über einen tollen Monitor, über super Studioboxen und über seine geliebten Gitarren freut. Die Vorteile für den privaten Emi sind aber noch weit vielschichtiger. Wenn ich in diesem Tonstudio einheize, dann kann ich diesen Anteil der Heizkosten auch von der Steuer absetzen, da sie ja erforderlich sind, um den Betrieb des Tonstudios aufrecht zu erhalten. Was allerdings interessant ist, ist: Wenn der künstlerische Emi dann tatsächlich in diesem beheizten Tonstudio sitzt, dürft ihr dreimal raten, wem dann gleichzeitig noch warm ist. Richtig! Dem privaten Emi.

Weitere Beispiele

Aus diesem obengenannten Grund, der Verschmelzung der beiden Identitäten von Musiker und Privatperson, ist es mir möglich,

» Musikequipment abzusetzen, an dem sich der private Emi auch erfreut.
» Handyausgaben abzusetzen, damit Emi mit seinen Businessfreunden reden kann.
» Internetausgaben abzusetzen, damit Emi seinen Businessfreunden mailen kann.

- Fahrtkosten abzusetzen, damit Emi seiner Songwriting-Leidenschaft überall frönen kann.
- Heizkosten in meiner Wohnung abzusetzen, damit es Emi warm hat im Homestudio.
- Stromkosten in meiner Wohnung abzusetzen, damit Emi Licht hat im Homestudio.
- Mietkosten meiner Wohnung abzusetzen, weil Emis Homestudio ja Teil der Wohnung ist.
- Diäten zu kassieren, was Emi sowieso freut, weil es das Essen billiger macht.
- Geschäftsessen abzusetzen mit Emis aktuellen oder zukünftigen Businessfreunden.
- Kleidung abzusetzen, damit Emi für besondere betriebliche Anlässe auch gut aussieht.
- und noch vieles mehr!

Dieses Spiel geht ewig so weiter. Was der künstlerische Emi steuerlich geltend machen darf, bringt dem privaten Emi einen Vorteil, weil diese beiden ein und dieselbe Person sind. Und weil das unveränderlich ist, profitiert der private Emi immer vom Steuersystem, obwohl das gar nicht das primäre Ziel des Finanzamts ist. Macht mir nichts. Künstler müsste man eben sein, das Steuersystem müsste man verstehen und noch dazu den entsprechenden Mindset haben. Eigentlich …

… ganz genau so jemand wie du. Und genau der ist jetzt am Zug.

Also: Lass es musikalisch und finanziell krachen!

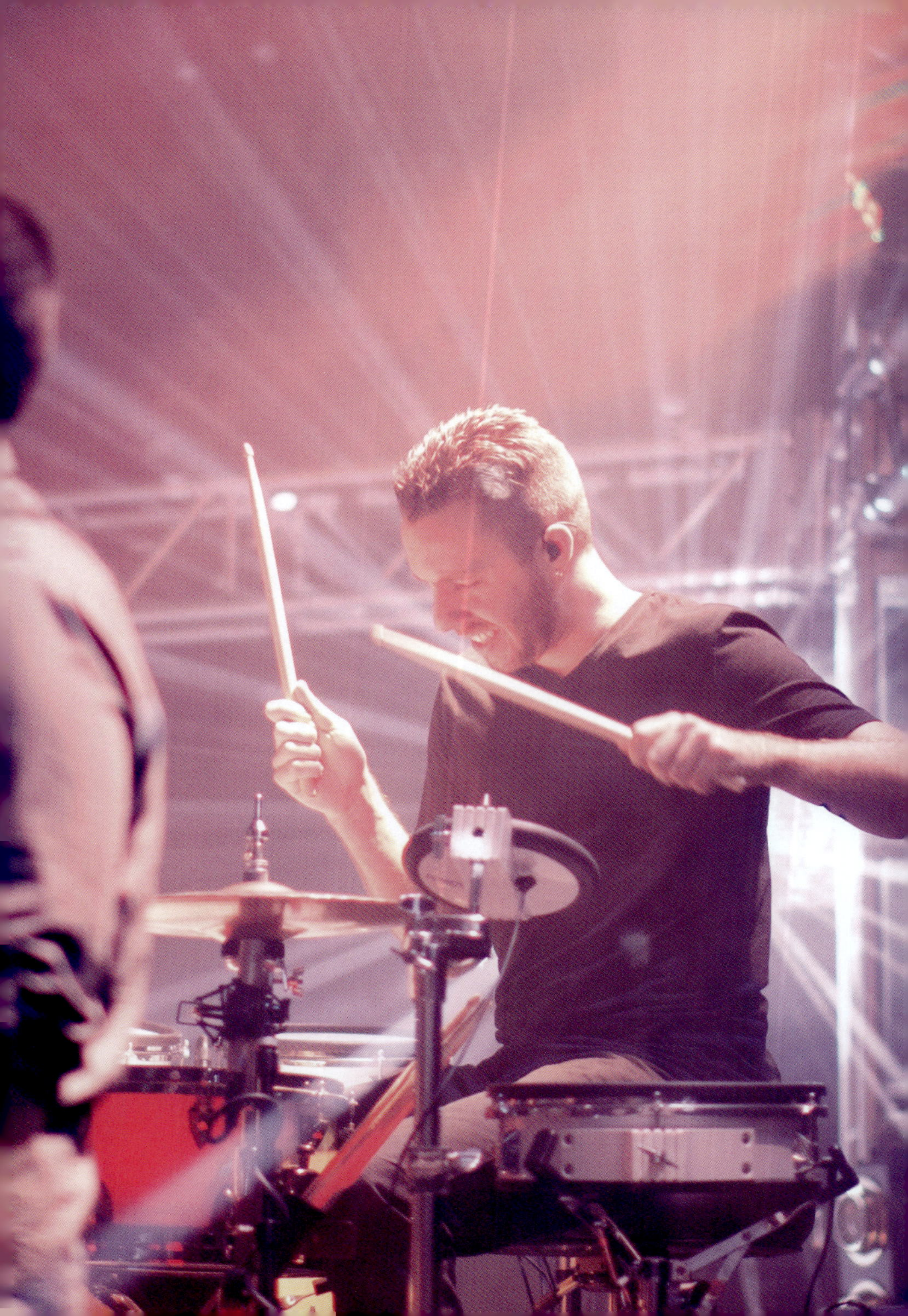

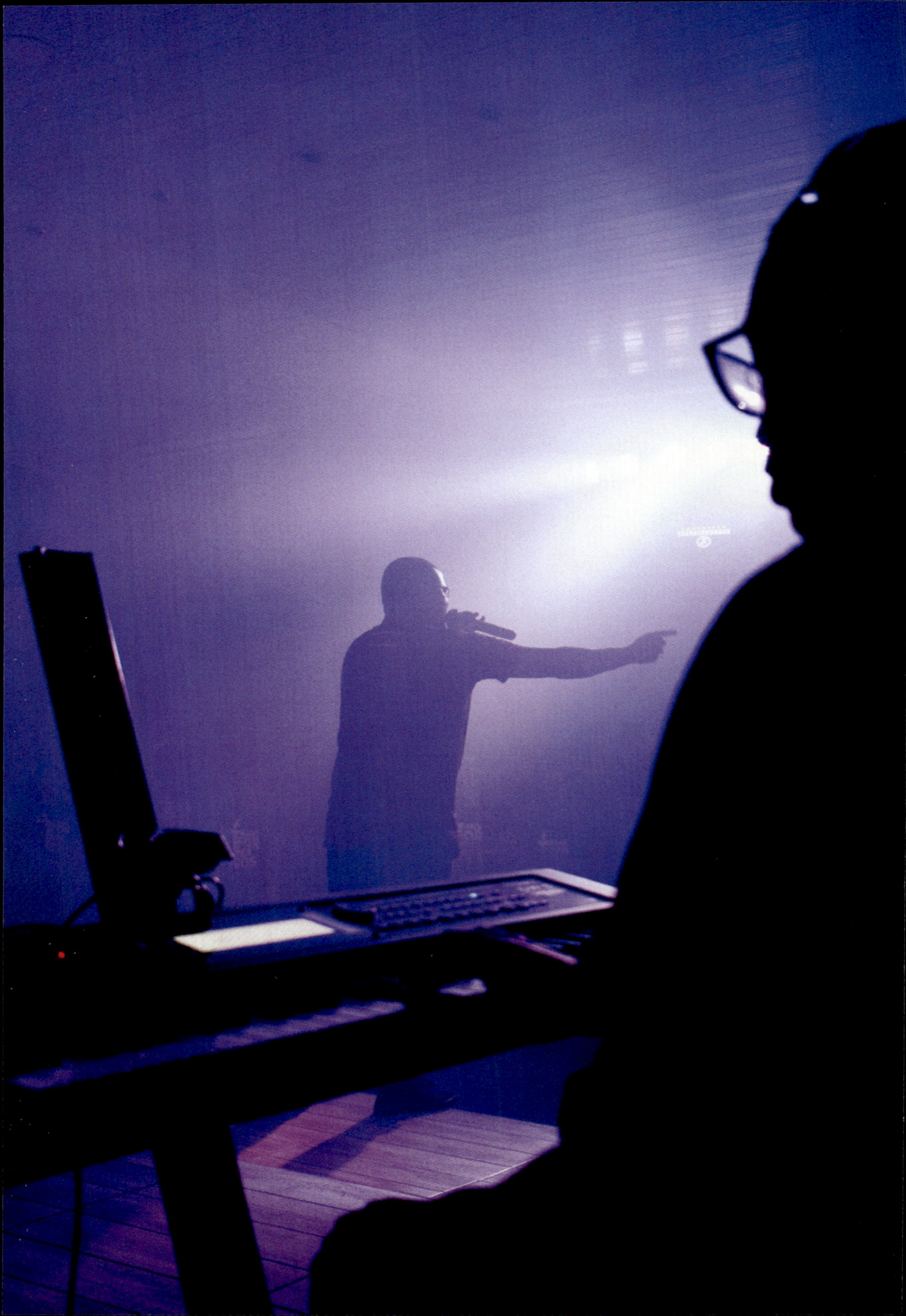

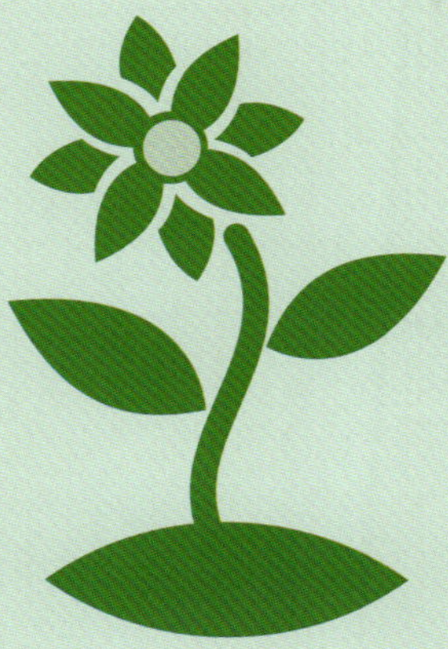

Lass uns zusammenfassen, worauf Musiker beim Geld ausgeben achten sollten

1. Du musst den Unterschied zwischen Investition und Ausgabe bis ins Detail verinnerlichen, um finanziell intelligent agieren zu können.

2. Überlege dir gut, ob du dein Equipment in Zukunft neu oder gebraucht kaufen möchtest. Beides hat seine Vorteile, aber nicht zu unterschätzende Nachteile.

3. Vergiss nicht den entscheidenden Steuervorteil für Künstler. Auch hier ist der Mindset entscheidend. Achte aber bitte darauf, dass du dabei nicht schizophren wirst.

5 Finally …

Ich habe mich bemüht, das Thema Finanzen, das für Musiker ein sperriges Thema ist, möglichst klar für dich aufzubereiten. Ich bin absolut überzeugt, dass nach diesem Buch noch lange nicht alle Fragen für dich geklärt sein können, einfach weil dieses Thema derart umfangreich ist, aber ich hoffe, dass ich den Nebel für dich etwas lichten konnte.

Ich für mich kann sagen: Geld ist mir tatsächlich wichtig. Es ist mir aber nicht wichtig aufgrund der Sache selbst, sondern deshalb, weil es mir verschiedenste Sachen ermöglichen kann. Als leidenschaftlicher Musiker kann mir Geld ermöglichen, meinen Traum zu leben, ohne finanzielle Ängste haben zu müssen, und das finde ich wirklich wundervoll. Ich finde es nicht verwerflich, über Geld nachzudenken, sondern ich sehe es als eine Pflicht für jeden verantwortungsbewussten Musiker an, der nicht eines Tages vor den finanziellen Trümmern seiner Karriere stehen möchte.

Und abschließend: Ich wünsche dir das Allerbeste auf deinem Weg, ein finanziell erfolgreicher Musiker zu werden. Lass dieses Buch ein erster Begleiter auf deiner Reise sein und schlage vielleicht hin und wieder diejenigen Seiten erneut auf, die dir besonders weiterhelfen.

Wenn du Fragen hast oder mich kontaktieren möchtest, freue ich mich, wenn du auf meinem exklusiven Songwritingblog
www.emanueltreu.at/blog
vorbeischaust oder auch über mein persönliches Musicbusiness- und Songwritingcoaching unter dem Link
www.emanueltreu.at/mentoring
an die Antworten auf deine Fragen rankommst.

Du kannst mir gerne auch auf Facebook oder Instagram **(@emisongs)** folgen, um vielleicht auch umgekehrt mich auf dem Laufenden darüber zu halten, was sich in deiner Welt des Musikschaffens bei dir so alles tut. Vor allem interessiert es mich immer zu hören, wie deine Entwicklung als finanziell erfolgreicher Musiker vonstattengeht, welche Ziele du hast und ob und wie du die Tipps aus diesem Buch umsetzen konntest. Wenn du Freude am Lesen hattest, empfehle ich dir hiermit noch gerne weitere, von mir für Musiker geschriebene Bücher:

» **Erfolgreich, aber rasch! – Wie Musiker mit weniger Aufwand schneller ihre Ziele erreichen**

» **Songwriting Cashflow – Sieben Schritte, um mit deinen Songs richtig Kohle zu scheffeln**

... 2 b continued ...

Solltest du dieses Buch über Amazon oder Thomann bezogen haben, freue ich mich über eine Bewertung.

Das war's vorerst. Ich wünsche dir von ganzem Herzen, dass du die Tipps in diesem Buch anwenden wirst, um deine Ziele zu erreichen. Auch wenn der Inhalt dieses Buches nicht der Einfachste auf der Welt ist, gilt: Alles, was vorstellbar ist, ist erreichbar. Dazwischen liegt nur die Zeit.

Keep on earnin'
Emi

EMIS

DIYs

DIE EINNAHMEN-AUSGABEN-RECHNUNG + ADDONS

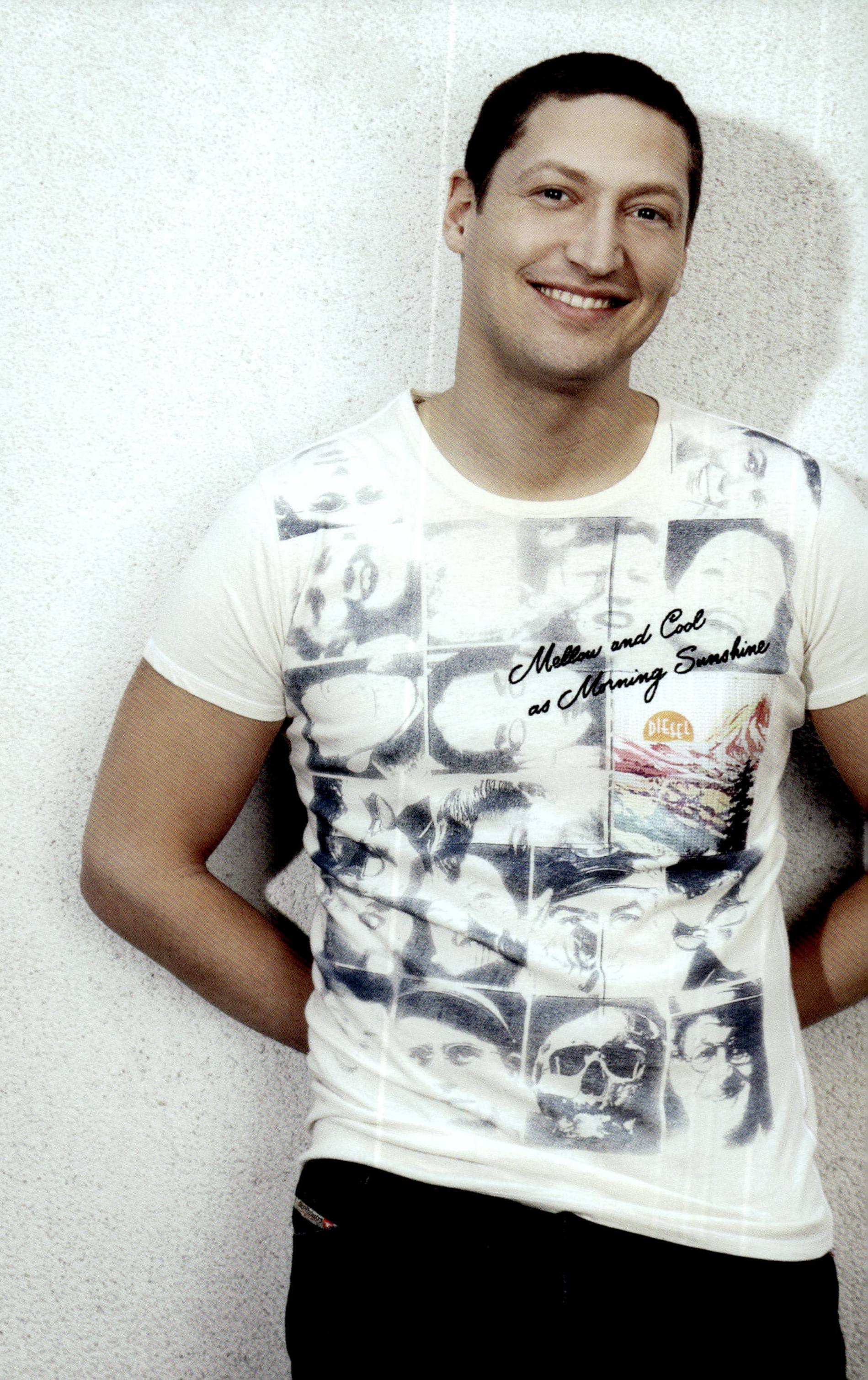
Mellow and Cool
as Morning Sunshine
DIESEL

DIE EINNAHMEN-AUSGABENRECHNUNG

Wie bereits im Buch angesprochen, ist es wichtig, dass du dir selbst eine Chance für einen Überblick über deine Finanzen gibst. Das machst du, indem du dir aufschreibst, wofür du wieviel Geld einnimmst und ausgibst. Relevant ist dabei, dass du die Sache nicht zu kompliziert machst. Du brauchst dafür keine aufwendigen Programme oder dergleichen. Eine einfache Liste reicht.

Auf den folgenden Doppelseiten habe ich dir für jedes Monat eines Jahres eine Vorlage gemacht. Du brauchst also nur das Jahr und das Monat zu beschriften und dann deine entsprechenden Beträge laufend eintragen. Die Spalte mit der Steuer verwendest du nur, wenn du tatsächlich umsatzsteuerpflichtig bist.

Am Ende jedes Monats zählst du die Beträge zusammen und trägst das Ergebnis anschließend in die Jahresbilanz ein. Das ist absolut ausreichend für einen ersten Überblick. Du wirst sehen: Es lohnt sich!

JÄNNER
Einnahmen / Ausgaben

FEBRUAR
Einnahmen / Ausgaben

MÄRZ
Einnahmen / Ausgaben

APRIL
Einnahmen / Ausgaben

MAI
Einnahmen / Ausgaben

JUNI
Einnahmen / Ausgaben

JULI
Einnahmen / Ausgaben

AUGUST
Einnahmen / Ausgaben

SEPTEMBER
Einnahmen / Ausgaben

OKTOBER
Einnahmen / Ausgaben

NOVEMBER
Einnahmen / Ausgaben

DEZEMBER
Einnahmen / Ausgaben

JAHRESBILANZ
Einnahmen – Ausgaben = Gewinn

EINNAHMEN

Monat **Jahr**

DATUM	WAS	BETRAG	STEUER

AUSGABEN

Monat ______ ***Jahr*** ______

DATUM	WAS	BETRAG	STEUER

EINNAHMEN

Monat **Jahr**

DATUM	WAS	BETRAG	STEUER

AUSGABEN

Monat ______ ***Jahr*** ______

DATUM	WAS	BETRAG	STEUER

EINNAHMEN

Monat **Jahr**

DATUM	WAS	BETRAG	STEUER

AUSGABEN

Monat ____ **Jahr** ____

DATUM	WAS	BETRAG	STEUER

EINNAHMEN

Monat **Jahr**

DATUM	WAS	BETRAG	STEUER

AUSGABEN

Monat ______ ***Jahr*** ______

DATUM	WAS	BETRAG	STEUER

EINNAHMEN

Monat **Jahr**

DATUM	WAS	BETRAG	STEUER

AUSGABEN

Monat ______ **Jahr** ______

DATUM	WAS	BETRAG	STEUER

EINNAHMEN

Monat **_Jahr_**

DATUM	WAS	BETRAG	STEUER

AUSGABEN

Monat ____ **Jahr** ____

DATUM	WAS	BETRAG	STEUER

EINNAHMEN

Monat **Jahr**

DATUM	WAS	BETRAG	STEUER

AUSGABEN

Monat   **Jahr**

DATUM	WAS	BETRAG	STEUER

EINNAHMEN

Monat **Jahr**

DATUM	WAS	BETRAG	STEUER

AUSGABEN

Monat ___ ***Jahr*** ___

DATUM	WAS	BETRAG	STEUER

EINNAHMEN

Monat **Jahr**

DATUM	WAS	BETRAG	STEUER

AUSGABEN

Monat ______ ***Jahr*** ______

DATUM	WAS	BETRAG	STEUER

EINNAHMEN

Monat **Jahr**

DATUM	WAS	BETRAG	STEUER

AUSGABEN

Monat ______ **Jahr** ______

DATUM	WAS	BETRAG	STEUER

EINNAHMEN

Monat **Jahr**

DATUM	WAS	BETRAG	STEUER

AUSGABEN

Monat   ***Jahr***

DATUM	WAS	BETRAG	STEUER

EINNAHMEN

Monat **Jahr**

DATUM	WAS	BETRAG	STEUER

AUSGABEN

Monat   ***Jahr***

DATUM	WAS	BETRAG	STEUER

JAHRESBILANZ | EINNAHMEN

Jahr

MONAT	BETRAG	STEUER
JÄNNER		
FEBRUAR		
MÄRZ		
APRIL		
MAI		
JUNI		
JULI		
AUGUST		
SEPTEMBER		
OKTOBER		
NOVEMBER		
DEZEMBER		

JAHRESBILANZ | AUSGABEN

Jahr

MONAT	BETRAG	STEUER
JÄNNER		
FEBRUAR		
MÄRZ		
APRIL		
MAI		
JUNI		
JULI		
AUGUST		
SEPTEMBER		
OKTOBER		
NOVEMBER		
DEZEMBER		

EINNAHMEN – AUSGABEN = **GEWINN**

Die „Neuwert - Übersicht“

Trage hier dein gesamtes Musikequipment ein, dass du als Neuware gekauft hast und was du ungefähr dafür bezahlt hast. Du kannst Produktgruppen auch gerne zusammenfassen, wie: Meine Gitarren, alle Kabel, oder dergleichen.

PRODUKTE	NEUPREIS

Die „Restwert- Übersicht"

Recherchiere den Restwert deines aufgeschriebenen, neugekauften Musikequipments. Trage dann diesen Restwert in die untenstehende Spalte ein. Danach führe die abschließende Rechnung durch.

PRODUKTE	RESTWERT

NEUWERTSUMME – RESTWERTSUMME = **WERTVERLUST**

Deine (echten) Ausgaben

Trage in dieser Tabelle fünf Gegenstände ein, die nach ihrem Kauf mehr Kosten verursachen, als sie Einnahmen generieren. Bedenke bei den Kosten deine Zeit, das Service, den Platz etc.

1.
2.
3.
4.
5.

Grob geschätzt:
Wieviel Gesamtkosten produzieren diese Dinge?

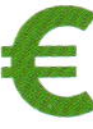

Deine (echten) Investitionen

Trage hier fünf Gegenstände ein, dessen die nach ihrem Kauf mehr Einnahmen generieren, als sie Kosten verursachen. Bedenke, dass es wirklich der entsprechende Gegenstand sein muss, der dir diese Einnahmen ermöglicht (z.B.: Dein Computer im stark genutzten Tonstudio – sofern dieser dich weniger kostet, als er für dich erwirtschaftet)

1. ____________________

2. ____________________

3. ____________________

4. ____________________

5. ____________________

Grob geschätzt:
Wieviel Gesamteinnahmen generieren diese Dinge?

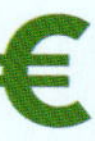

Die Kontenübersicht

Auf dieser Seite kannst du dir eine Übersicht über diejenigen Konten verschaffen, die du ab jetzt unbedingt führen solltest. Dazu gehören auf jeden Fall dein privates Girokonto und dein Sparkonto.

Weitere Konten solltest du nach Bedarf führen, z.B.: wenn du ein Bandprojekt hast, bei dem du zwar Einnahmen und Ausgaben generierst, die du aber nicht mit deinen privaten Finanzen vermischen möchtest. Erkundige dich natürlich rechtzeitig, welche Mehrkosten sich dadurch ergeben und triff wirtschaftlich sinnvolle Entscheidungen. Manchmal zahlt es sich tatsächlich aus, Geld dafür auszugeben, seinen Finanzhaushalt gut überblicken zu können.

Ich empfehle dir außerdem, deine Kontonotizen noch an einem weiteren Ort, nicht nur in diesem Buch, zu verwahren!

PRIVATKONTO

Lautend auf ______

______

Bank ______

IBAN ______

BIC ______

Kontakt ______

Notizen ______

______

______

20% SPARKONTO

Lautend auf ______

______

Bank ______

IBAN ______

BIC ______

Kontakt ______

Notizen ______

______

______

PROJEKTKONTO 1

Lautend auf

Bank

IBAN

BIC

Kontakt

Notizen

PROJEKTKONTO 2

Lautend auf

Bank

IBAN

BIC

Kontakt

Notizen

PROJEKTKONTO 3

Lautend auf

Bank

IBAN

BIC

Kontakt

Notizen

PROJEKTKONTO 4

Lautend auf

Bank

IBAN

BIC

Kontakt

Notizen

PASSWORT:

die-kunst-bonus-content-zu-erhalten

EXKLUSIVER BONUS!

FINANZTIPPS FÜR MUSIKER – WORKSHEETS

...der kostenlose Download exklusiv für Leser dieses Buches.

---

emanueltreu.at/buecher/finanztipps-fuer-musiker/bonus

Finanzen sind für Musiker nur selten leicht verdauliche Kost. Das liegt daran, dass wir uns von Natur aus lieber mit kreativen Dingen beschäftigen als mit solchen, die Kalkül und Logik erfordern. Um dich zu unterstützen, habe ich dir wichtige Teile der DIYs (wie z.B.: die Einnahmen-Ausgaben-Rechnung) im DIN A4 Format hergerichtet.

Scanne dazu einfach den linksstehenden QR-Code mit deinem Handy, um den Downloadbereich auf meiner Website zu erreichen. Ich empfehle dir, eine analoge Mappe mit diesen Worksheets anzulegen, damit du deine Finanzen nie aus den Augen verlierst. Auch dann nicht, wenn „Finanztipps für Musiker" eines Tages bereits in deinem Bücherregal steht.

Viel Spaß beim Ausfüllen,
Emi

Übrigens: Weitere Downloads sind über meine anderen Bücher zugänglich.

EMIS
WELT

BÜCHER

WEBSITE

DOWNLOADS

MENTORING

BLOG

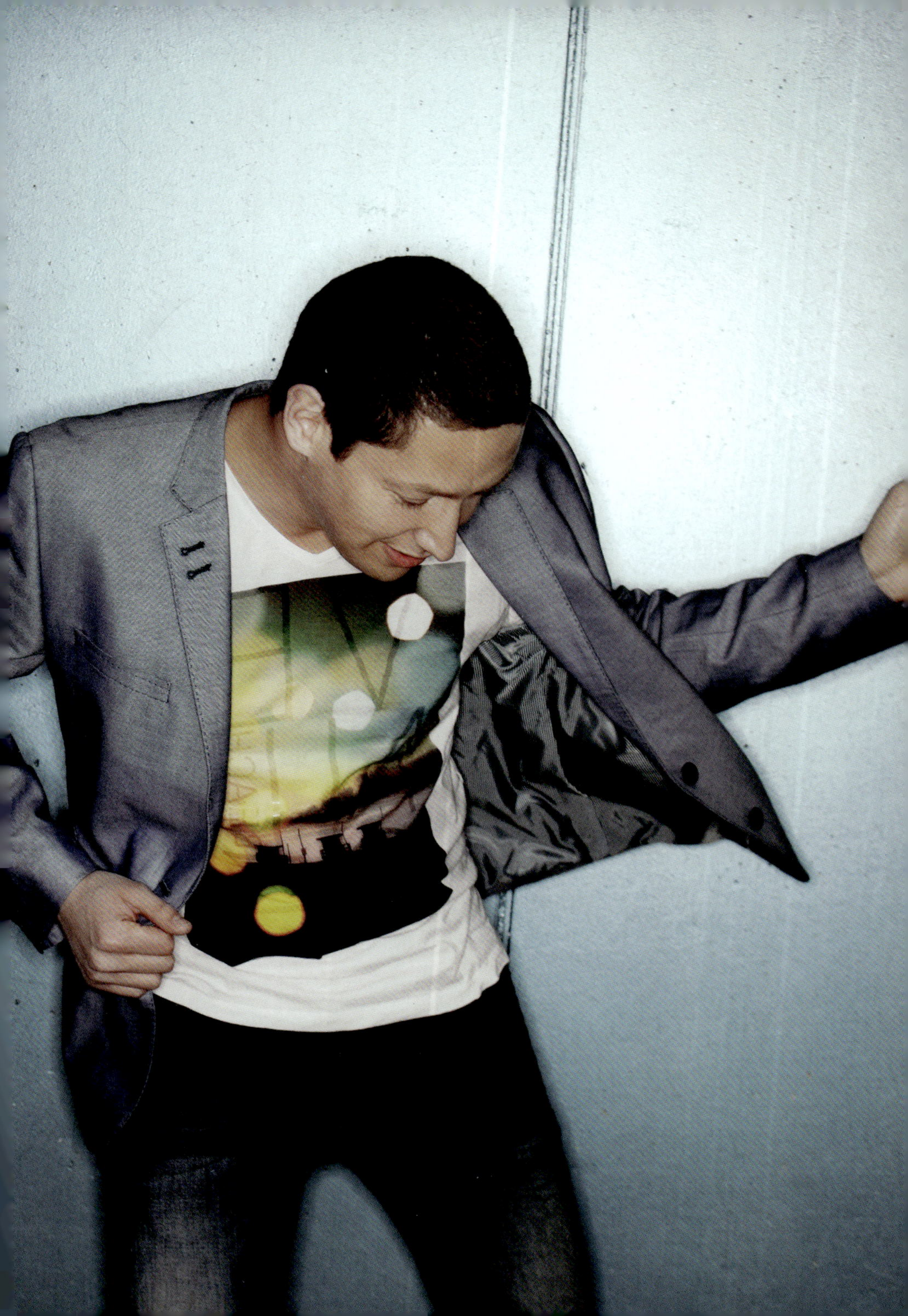

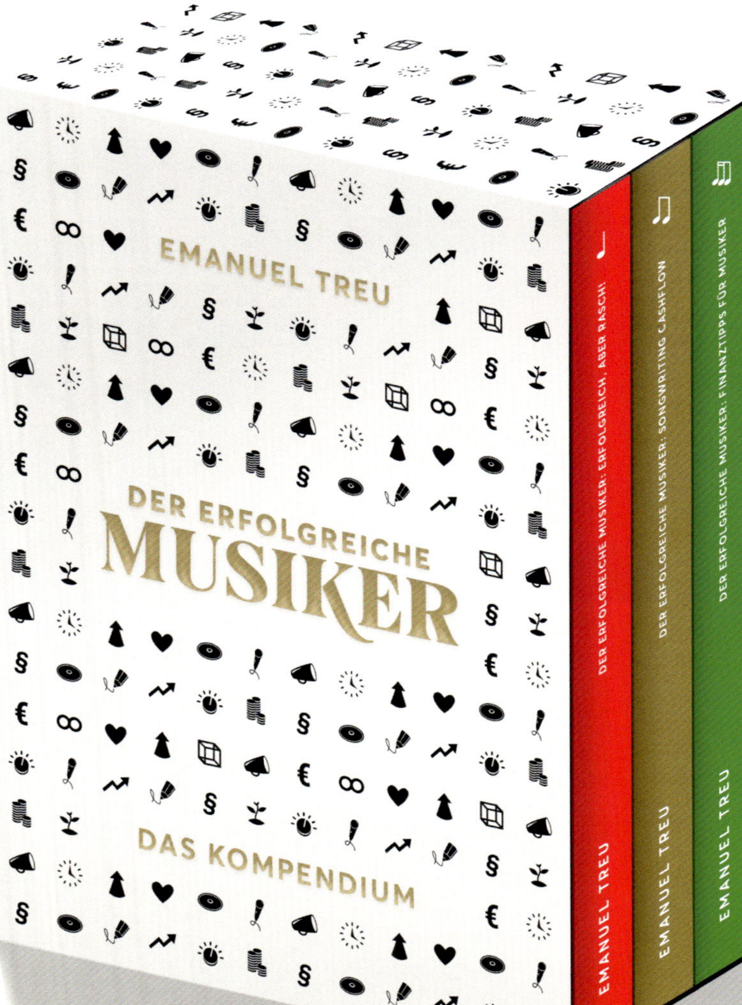
EMANUEL TREU
DER ERFOLGREICHE
MUSIKER
DAS KOMPENDIUM
DER ERFOLGREICHE MUSIKER: ERFOLGREICH, ABER RASCH!
EMANUEL TREU
DER ERFOLGREICHE MUSIKER: SONGWRITING CASHFLOW
EMANUEL TREU
DER ERFOLGREICHE MUSIKER: FINANZTIPPS FÜR MUSIKER
EMANUEL TREU

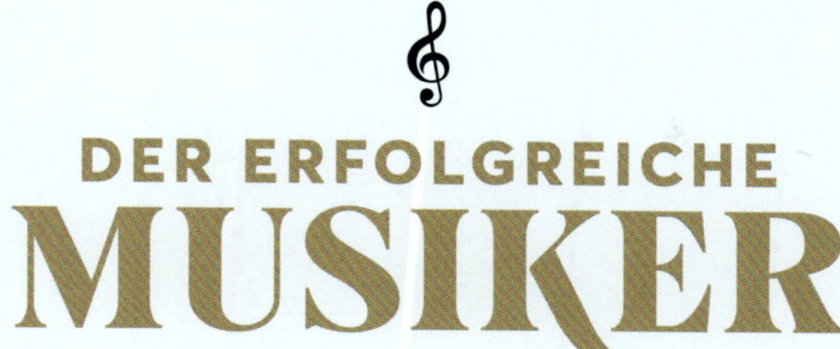

Der edelste und kompakteste Leitfaden für deine Musikkarriere

Mir war immer wichtig, meine Musikökonomiebücher besonders liebevoll zu gestalten. Neben den Erklärungen und den Geschichten, dem Cover, dem Layout, dem Download, den Bildern, der Struktur und sogar neben der Wahl des verdammten Papiers habe ich mich deshalb auch noch gefragt, wie meine Bücher wohl von außen am ansprechendsten aussehen würden – sodass ein Musiker wie du richtig Bock bekommt, da mal hin und wieder reinzulesen, um Antworten auf seine Fragen zu finden.

Ab jetzt gibt es daher meine Musikbusinessbücher gemeinsam in einer vergünstigten Kollektion, erhältlich im super-edlen Buchschuber. Damit ist nicht nur ein direkter finanzieller Mehrwert für jeden Musiker geschaffen, sondern das sieht auch noch schick aus. Und warum der ganze Aufwand?

Ganz einfach: Weil die Musik es verdient hat!

EMANUEL TREU

DER ERFOLGREICHE MUSIKER

ERFOLGREICH, ABER RASCH!

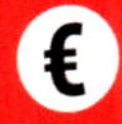
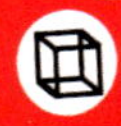
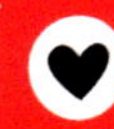

WIE MUSIKER MIT WENIGER AUFWAND SCHNELLER IHRE ZIELE ERREICHEN

DER ERFOLGREICHE MUSIKER: ERFOLGREICH, ABER RASCH!

EMANUEL TREU

WEITER GEHT'S MIT:

DER ERFOLGREICHE MUSIKER: ERFOLGREICH, ABER RASCH!

Der Traum vom erfolgreichen Musiker lebt!

Erfolgreich, glücklich und zufrieden als Musiker zu leben ist für viele zwar ein erstrebenswertes, aber auch ein schier unmöglich zu erreichendes Ziel. Bis jetzt!

Denn ab jetzt gibt dir dieses Buch die Anleitung dazu. Nur wer weiß, welche Ressourcen für dieses Ziel aufgewendet werden, kann den Umgang damit meistern.

„Ein wirklich unterhaltsamer und motivierender Ratgeber für jede Musiker-karriere!"

– Conrad Schrenk
Musiker & Musikpädagoge

„Dieses Buch hätte ich während meines Studiums oder noch besser davor gebraucht und es sollte von jedem gelesen werden, der sich überlegt professionell Musik zu machen."

– Victor-Ezio Gabriel
Musiker & Verkäufer
bei „Klangfarbe"

Mehr zu „Erfolgreich, aber rasch!" unter:

www.emanueltreu.at

EMANUEL TREU

DER ERFOLGREICHE MUSIKER

$ONGWRITING €ASHFLOW

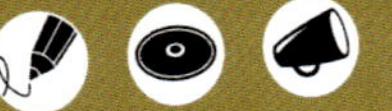  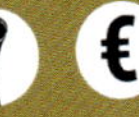 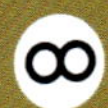

SIEBEN SCHRITTE, UM MIT DEINEN SONGS RICHTIG KOHLE ZU SCHEFFELN

DER ERFOLGREICHE MUSIKER: SONGWRITING CASHFLOW

EMANUEL TREU

WEITER GEHT'S MIT:

DER ERFOLGREICHE MUSIKER: SONGWRITING CASHFLOW

Fette Kohle verdienen mit Songwriting? Geht das überhaupt?

„Klaro", sagt Emanuel Treu, dessen konstant hohe internationale Chartplatzierungen, Awards und Tantiemenflüsse eine eindeutige Sprache sprechen. Songwriting ist für ihn in jeglicher Hinsicht ergiebig – auch wenn es ums Geld geht.

Wer die Chancen erkennt, sein Ego hintenanstellt und bereit ist, sich für seinen Traum gehörig den Allerwertesten aufzureißen, dem werden die Strategien für eine finanziell erfolgreiche Songwriterkarriere hiermit auf dem Silbertablett serviert – in Form dieses Buches. Beim Songwriting gilt nämlich: Wenn der Mindset passt, passt auch der Kontostand.

„Der wohltuende Unterschied zu vielen anderen Ratgebern dieser Art ist: Hier schreibt einer, der schon zigmal bewiesen hat, dass er weiß, wovon er spricht"

– Thom Caterpillar, Musiker

„Als ich Emi mal gefragt habe, wie er den neuen Song so schnell schreiben konnte, sagte er nur: Ganz einfach: Ich habe alles andere gecancelt und durchgemacht"

– Rainer Bischof, Verleger

Mehr zu $ongwriting €ashflow unter:

www.emanueltreu.at

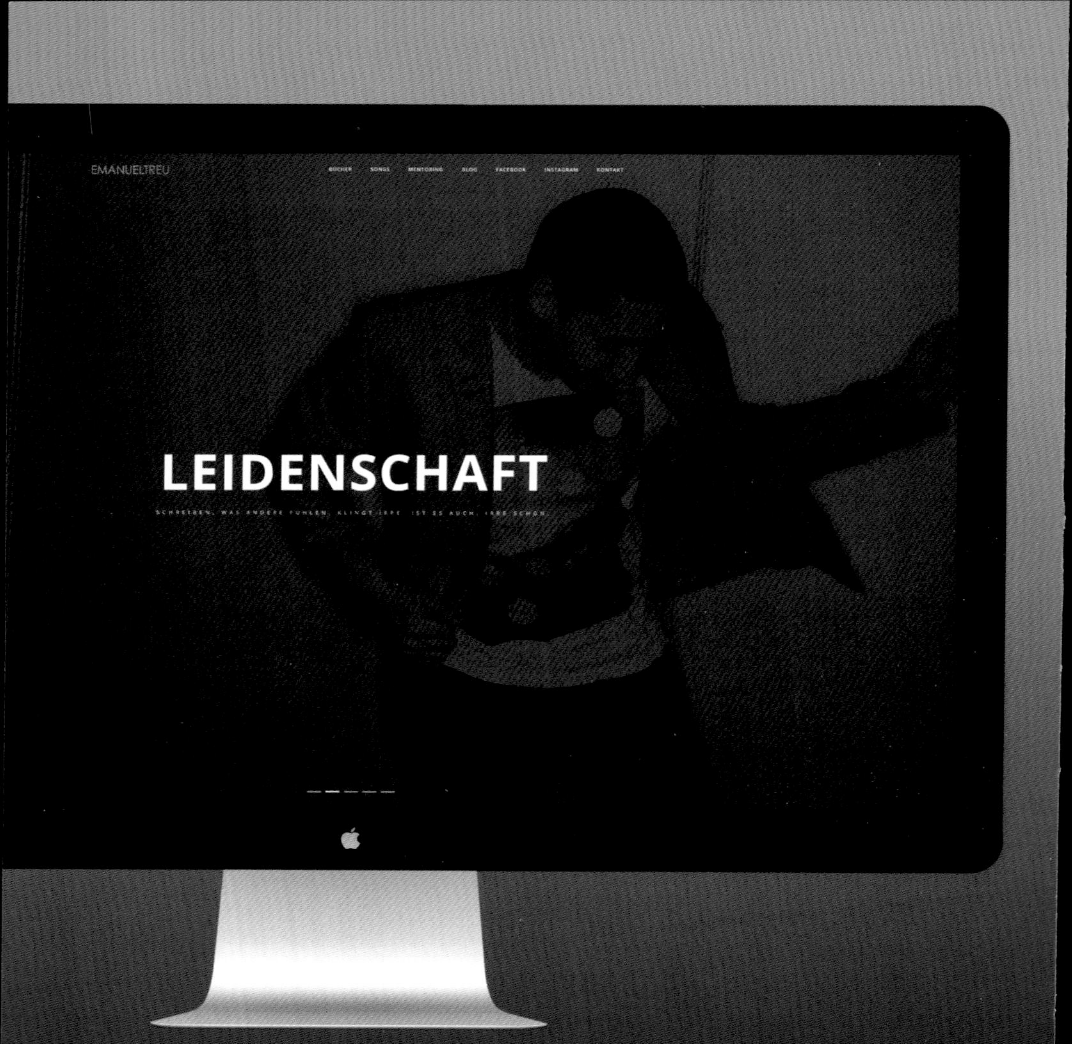

EMANUELTREU

BÜCHER SONGS MENTORING BLOG FACEBOOK INSTAGRAM KONTAKT

LEIDENSCHAFT

SCHREIBEN, WAS ANDERE FÜHLEN. KLINGT IRRE. IST ES AUCH. IRRE SCHÖN.

Die Website für erfolgsorientierte Musiker

Auf meiner Website bekommst du einen guten Überblick über meine aktuellen Tätigkeiten, meine Veröffentlichungen und mein gesamtes Wirken im Sinne aller Musiker.

www.emanueltreu.at

Neben meinen Büchern arbeite ich intensiv an der Betreuung und dem Support der gesamten Musikercommunity. Es geht mir dabei in erster Linie darum, Menschen wie dir zu ermöglichen, was ich mir selbst ermöglichen konnte: ein glückliches und erfolgreiches Leben als Musiker.

Um dir das zu ermöglichen, habe ich eine Reihe von Services entwickelt, die dich auf diesem Weg unterstützen. Diese Services beinhalten:

» Downloads für Musiker
» Meinen Blog für Musiker
» Meine Bücher für Musiker
» Meine Mentoren für Musiker

Auf den folgenden Seiten bekommst du einen kleinen Einblick in deine Möglichkeiten.

EMANUELTREU

BÜCHER SONGS MENTORING BLOG FACEBOOK INSTAGRAM KONTAKT

SONGWRITING

AM ANFANG STEHT DER SONG. AM ENDE ZAHLT DER SONG

Kostenlose Downloads auf meiner Website www.emanueltreu.at/blog

Im Rahmen meines Blogs stelle ich Musikern immer wieder auch kostenlose Downloads zur Verfügung. Diese Blogbeiträge sind natürlich entsprechend gekennzeichnet. Sinnvolle Unterlagen wie Konzertkalkulationen, Gig-Songlists und mehr kannst du dir dort für dich und deine Band einfach herunterladen.

Damit hast du die Möglichkeit, sie:

» im A4-Format ausdrucken

» jederzeit neue Exemplare zu erstellen

» analog im Umfang deiner Wahl zu führen

Diese und weitere kostenlose Unterlagen können dich auf flottem Weg dabei unterstützen ein effizienterer und fokussierter Musiker zu werden. Wenn du das schaffst, hast du wirklich viel erreicht!

Wie du im Kapitel „Effizienter Einsatz deines Potentials" gelesen hast, kann jede Gelegenheit großes Potential in sich bergen.

Hier ist so eine. Nutze sie!
www.emanueltreu.at/blog

EMANUELTREU
BUCHER
SONGS
MENTORING
BLOG
FACEBOOK
INSTAGRAM
KONTAKT
MENTORING
„Emis Mentoren-Team habe ich meinen Universal-Deal zu verdanken."
Orry Jackson, Sänger
„Motivation für Musiker ist ab jetzt nur einen Anruf entfernt. Sehr zu empfehlen."
Rene "Koli" Kolar, Rapper
„Das Ergebnis des Mentorings war eine Live-Performance, bei der das Publikum zum Teil der Show wurde."
Manuel Schenböck, Pianist

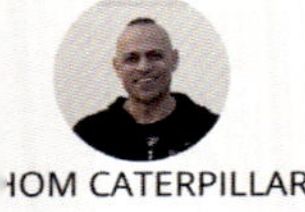

IOM CATERPILLAR
ann dich in allen Fragen rund um
rrentechnik, Gitarren-Equipment
Stage-Performance coachen.
GITARRIST UND
EQUIPMENTEXPERTE

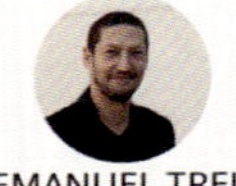

EMANUEL TREU
Er kann dich bei allen Fragen
zu Songwriting, oder zum nächsten
Karriereschritt coachen.
SONGWRITER UND
MUSICBUSINESSMENTOR

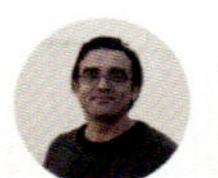

HUBERT MOLANDER
Er kann dich bei allen Fragen zur
Aufnahme, Mixing und Mastering
von Musik coachen.
ARRANGEUR
UND PRODUZENT

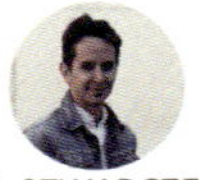

PIOTR SZWARCZEWSKI
Er kann dich in allen Fragen zu
Tasteninstrumenten, Creative Musicianship
und Ableton-Live coachen.
TASTENINSTRUMENTEXPERTE &
ABLETON-LIVE-TRAINER
Mentoring ist ein Videochat!!
Trusted-Mentors und Musikbusiness-Experten stehen dir mit Rat und Tat zur Seite und zwar dort, wo sie für dich am

Emis Mentoringteam

Thom Caterpillar | Emanuel Treu
Hubert Molander | Piotr Szwarczewski
www.emanueltreu.at/mentoring

Mentoring ist ein Videochat!!

Trusted-Mentors und Musikbusiness-Experten stehen dir mit Rat und Tat zur Seite und zwar dort, wo sie für dich am besten zugänglich sind. Auf deinem Handy.

Mentoring ist ortsunabhängig!

Dein Mentor kann dir online bei deiner Probe Tipps geben, dir am Konzert über die Schulter sehen, oder dich im Musikgeschäft bei der Wahl deines Equipments unterstützen.

Mentoring ist zeitunabhängig!

Beim Mentoring kaufst du dir ein Zeitguthaben, das im flexiblen Rahmen konsumiert werden kann. Von kurzen 15-Minuten-Talks bis zu mehrstündigen Sessions ist alles möglich.

Mentoring ist professionell!

Im Musikbusiness siehts du manchmal das Licht im Nebel nicht mehr. Wer professionell agieren will, wendet sich dann an die einzig richtige Quelle: Erfolgreiche Vollprofis.

Mentoring ist individuell!

Dein Mentor bekommt bereits im Vorfeld einen ausgefülltes Desire-Sheet von dir. Dadurch wird jedes Mentoring persönlich, direkt und auf deine individuellen Bedürfnisse abgestimmt.

Jetzt anmelden unter:
www.emanueltreu.at/mentoring

EMANUELTREU

BUCHER SONGS MENTORING BLOG FACEBOOK INSTAGRAM KONTAKT

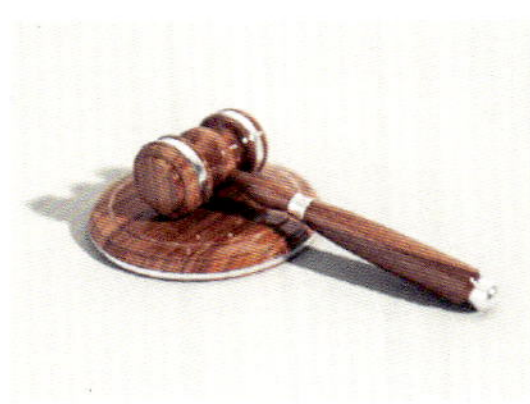

02.04.2019

EU URHEBERRECHT, ARTIKEL 13/17 AUS URHEBERSICHT

Viele unabhängige Medien berichteten bereits uber Artikel 13/17 der aktuelle EU-Urheberrechtsreform. Was denken direkt betroffene Urheber darüber?

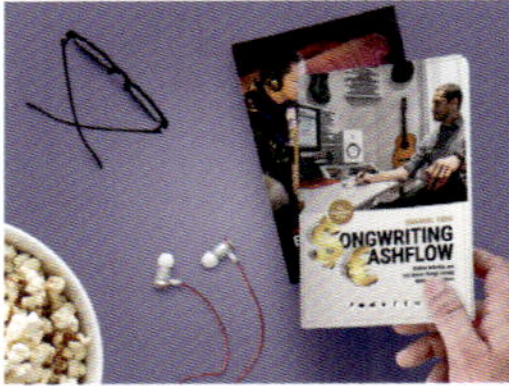

21.03.2019

BUCHVEROFFENTLICHUNG: SONGWRITING CASHFLOW

Wie du mit deinen Songs richtig Kohle scheffeln kannst, ist ab sofort nachlesbar! Nach dem Erfolg meines ersten Ratgebers für Musiker, ist mein zweites Buch nun fertig.

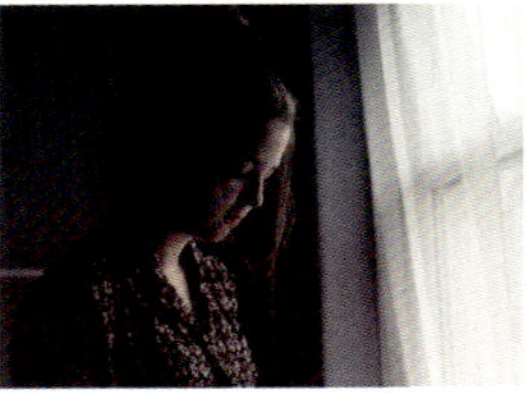

13.03.2019

IST DAS MORALISCH VERTRETBAR?

Songwriter tragen große Verantwortung. Wenn Hunderte, Tausende, oder sogar Millionen Menschen deine Songs horen, solltest du guten Gewissens in den Spiegel schauen konnen!

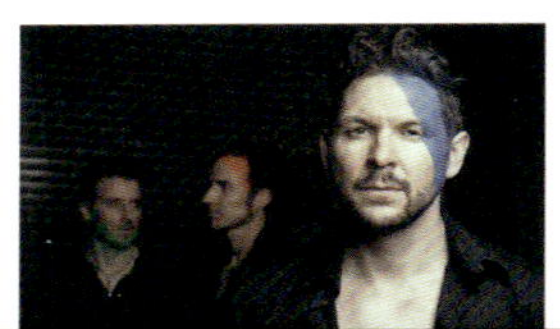

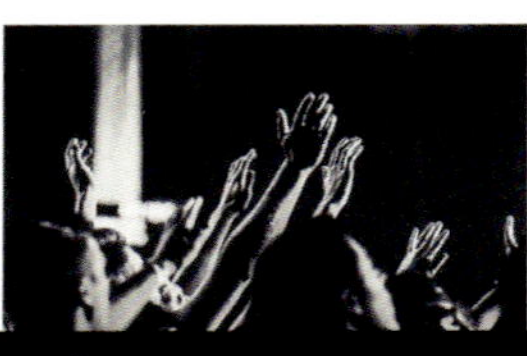

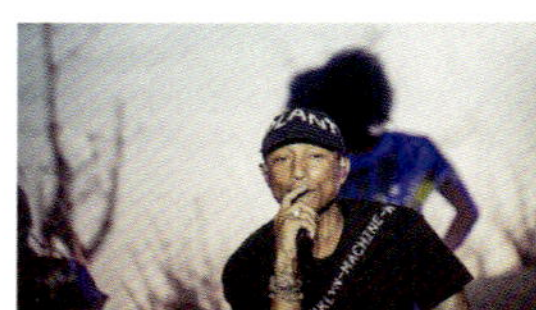

Blog-Auszug: Was ist eine #1 wert

„Natürlich kannst du mit einer #1 auch gutes Geld verdienen, das liegt in der Natur der Sache. Letztendlich verkauft sich deine Nummer eben besser als andere. Wie viel deine Nummer Eins dadurch allerdings wert ist, steht rein in Relation dazu, wie viel Geld du zuvor hattest und in was du dein Geld verwandelst, um dich glücklich zu machen. Vom reinen Papier des Geldes ist nämlich meines Wissens nach noch niemand glücklich geworden.“

Emis Blog

www.emanueltreu.at/blog

In meinem Blog behandle ich relevante Gedanken rund um das Thema: „Der richtige Mindset im Musikbusiness". Wie du weißt, bin nach wie vor der Meinung, dass Erfolg in einem derart harten Geschäft vor allem dadurch forciert werden kann, Herausforderungen mit erhobenem Kopf entgegenzutreten. Dafür findest du in meinem Blog einige Hilfestellungen und Sichtweisen, die deinen Horizont und deine Handlungsmöglichkeiten erweitern.

Ich bespreche darin aber auch Themen abseits des Mindsets, wie etwa konkrete Übungen für Songwriter, Buchempfehlungen und Problemlösungsstrategien für unterschiedlichste Gegebenheiten, die auf Musiker zukommen können. Von der Steuer bis zum Spontankonzert ist hier immer etwas Wertvolles zu finden, das dir nutzen wird.

Auch die Veränderungen am aktuellen Musikmarkt im Sinne von Marktentwicklungen, Neuveröffentlichungen oder schlichten Song-Reviews werden besprochen. Der Blog ist aber vor allem individuell geführt. Ich habe keine Redakteure oder Autoren, außer mir selbst. Mir ist nämlich wichtig, dass du aus erster Hand erfahren kannst, was aus meiner Sicht wichtig für dich ist.

Jetzt Emis Blog lesen:
www.emanueltreu.at/blog

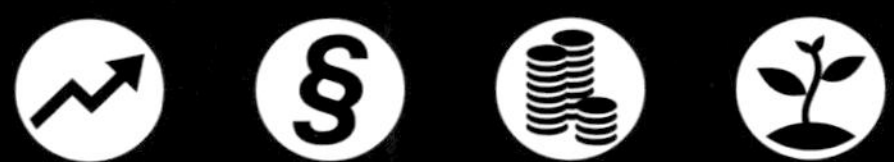